"ධම්මෝ හි වාසෙට්ඨා, සෙට්ඨෝ ජනේතස්මිං
දිට්ඨේ චේව ධම්මේ, අභිසම්පරායේ ච."
වාසෙට්ඨයෙනි, මෙලොවෙහි ත්, පරලොවෙහි ත්
ජනයා අතර ධර්මය ම ශ්‍රේෂ්ඨ වෙයි !

- අග්ගඤ්ඤ සූත්‍රය - භාග‍යවත් බුදුරජාණන් වහන්සේ

අලුත් දහම් වැඩසටහන - 21

අපට සොඳ ය සියුම් නුවණ

පූජ්‍ය කිරිබත්ගොඩ ඤාණානන්ද ස්වාමීන් වහන්සේ

© සියලුම හිමිකම් ඇවිරිණි.

ISBN : 978-955-687-115-9

ප්‍රථම මුද්‍රණය	:	ශ්‍රී බු.ව. 2561 ක් වූ වෙසක් මස පුන් පොහෝ දින
සම්පාදනය	:	මහමෙව්නාව භාවනා අසපුව වඩුවාව, යටිගල්ඔළුව, පොල්ගහවෙල. දුර : 037 2244602 info@mahamevnawa.lk | www.mahamevnawa.lk

පරිගණක අකුරු සැකසුම, පිටකවර නිර්මාණය සහ ප්‍රකාශනය :

මහාමේඝ ප්‍රකාශකයෝ
වඩුවාව, යටිගල්ඔළුව, පොල්ගහවෙල.
දුර : 037 2053300, 076 8255703
mahameghapublishers@gmail.com

මුද්‍රණය	:	තරංජි ප්‍රින්ට්ස්, 506, හයිලෙවල් පාර, නාවින්න, මහරගම. ටෙලි: 011-2801308 / 011-5555265

චතුරාර්ය සත්‍යාවබෝධයට ධර්ම දේශනා....

අපට සොඳ ය සියුම් නුවණ

අලුත් දහම් වැඩසටහන

21

පූජ්‍ය කිරිබත්ගොඩ ඤාණානන්ද ස්වාමීන් වහන්සේ
විසින් පොල්ගහවෙල මහමෙව්නාව භාවනා අසපුවේ අලුත් දහම්
වැඩසටහනේ දී සිදු කළ ධර්ම දේශනා ඇසුරිනි.

මහාමේඝ
MAHAMEGHA

ප්‍රකාශනයකි

පෙළගැස්ම....

නමෝ තස්ස භගවතෝ අරහතෝ සම්මාසම්බුද්ධස්ස
ඒ භාග්‍යවත් අර්හත් සම්මා සම්බුදුරජාණන් වහන්සේට නමස්කාර වේවා!

01.

උදේ වරුවේ ධර්ම දේශනය

සැදැහැවත් පින්වත්නි,

බුදුරජාණන් වහන්සේ තමයි මේ ලෝකයේ පළමුවෙන් ම අවිද්‍යාව දුරු කරලා විද්‍යාව උපදවා ගත්තේ. ඊට පස්සේ උන්වහන්සේ අන් අයටත් කියා දුන්නා තම තමන්ගේ ජීවිත තුළ තියෙන අවිද්‍යාව දුරු කරගෙන විද්‍යාව උපදවා ගන්න ආකාරය ගැන. උන්වහන්සේ අවිද්‍යාවට පාවිච්චි කළා තවත් නමක් අන්ධකාරය කියලා. කරුවල. චතුරංග සමන්නාගත අඳුර කියලා අඳුරක් තියෙනවා. ඒ කියන්නේ සිව් කරුණකින් යුක්ත අන්ධකාරයක් තියෙනවා. පළවෙනි කාරණය තමයි ඉර බැස ගිහිල්ලා. දෙවෙනි කාරණය හඳ පායන්නේ නැති අමාවක දවසක්. තුන්වෙනි කාරණය වලාකුළුවලිනුත් ආකාසේ වැහිලා. සිව්වැනි කරුණ තමයි ඝන වනාන්තරේ. මේ කරුණු සතරින් යුක්ත අඳුරට කියනවා චතුරංග සමන්නාගත අන්ධකාරය කියලා. මේ වගේ ඝන අන්ධකාරයක මනුස්සයෙක් හිටියොත්,

එයාගේ අතේ මොකුත් එළියකුත් නැත්නම් වටපිටාවේ තියෙන කිසී දෙයක් එයාට පේන්නේ නෑ. බුදුරජාණන් වහන්සේ දේශනා කළා අවිද්‍යාවත් ඔය වගේ කියලා.

ඒ අවිද්‍යා අන්ධකාරය තුළ තමයි මේ ඉපදි ඉපදී මැරි මැරී යන සංසාර ගමන අපට උරුම වෙලා තියෙන්නේ. ඒ වගේ කරුවලක ඉන්න එක්කෙනෙක් විශාල මාන්නෙකින් හිටියොත් 'හා.... මට පුළුවන් මේක තනියම කොරගන්ට.... මට ගුරුවරු ඕනෙත් නෑ.... වැඩිහිටියො ඕනෙත් නෑ.... මං තනියම කරගන්නවා...' කියලා ඒක අන්ධකාරෙට ම ගැලපිලා ගිය තමන්ගේ දෝෂයක්. එයාට කවදාවත් ආලෝකයක සේයාවක්වත් ළං කරගන්ට ලැබෙන්නේ නෑ.

ජීවිතයට ආලෝකය ලබාදෙන දේ....

ඒ වගේ ඝන අන්ධකාරයක් තුළ සිටින කෙනාට ඒ අඳුර මැදින් යම්කිසි දෙයක් දකින්ට නම් එයාගේ අතේ යම්කිසි එළියක්, එක්කෝ හුළු අත්තක්, එහෙම නැත්නම් ටෝච් එකක්, අඩුගණනේ පොල්කට්ටක ගහපු ඉටිපන්දමක්වත් තියෙන්ට ඕන. එතකොට තමයි ඒ කෙනාට තමන් යන්නේ හරි පාරෙ ද, තමන් යන්නේ අකුලක ද, තමන් යන්නේ වලක වැටෙන්ට ද, තමන් යන්නේ සතෙකුගේ කටට ද කියලා බලාගන්ට පුළුවන් වෙන්නේ. දැන් අපි ගත්තොත් කට්ට කරුවලේ ඉන්න මනුස්සයෙකුට ටෝච් එකක් ලැබුණොත්, එයා ටෝච් එක ගහලා වටපිට බලද්දී එයාට පාරත් පේනවා. කැලේත් පේනවා. වලත් පේනවා. ගොඩත් පේනවා. එතකොට එයාට යා යුතු පාර අඳුනගන්ට බැරිද? පුළුවන්.

ආලෝකයක් යම් දිසාවකට යෙදෙව්වාම ඒ

ආලෝකයේ ස්වභාවය තමයි ඒ ආලෝකය අර අඳුර සිදුරු කරගෙන ගිහිල්ලා උවමනා කාරණය පැහැදිලිව දර්ශනය කරනවා. ඒක තමයි ආලෝකයක ලක්ෂණය. ඒ වගේ ආලෝකයක් ලබාගන්ට පුළුවන් දෙයක් අපේ ජීවිතවල තියෙනවා. ඒකට මොකක්ද කියන්නේ? ප්‍රඥාව. එහෙම නැත්නම් යෝනිසෝ මනසිකාරය.

ප්‍රඥාව එන්නේ උපදිනකොට ම යි....

ඒ ප්‍රඥාව, යෝනිසෝ මනසිකාරය ජීවිතයක වැඩ කරන්නේ නැත්නම් ගිහි වේවා පැවිදි වේවා එයා උපන්ගෙයි මැට්ටෙක්. සාමාන්‍යයෙන් ප්‍රඥාව කියන එක එන්නේ උපදිනකොට ම යි. අපි කියමු මනුස්සයෙකුට එක ගිනිකූරකුයි ගිනි පෙට්ටියකුයි ලැබෙනවා. එයා හරි විදිහට ඒ ගිනිකූර නාස්ති නොකර පාවිච්චි කළොත් එයාට බැරිද ලාම්පුවක් පත්තු කරගන්ට? පුළුවන්. එයාට බැරිද බොහෝ වෙලාවක් ඒ ආලෝකය පවත්වන්ට? පුළුවන්. ඒ ලාම්පුවේ තෙල් අඩුවෙද්දී ආයෙමත් තෙල් දදා ඒක නිවෙන්ට නොදී තියාගන්ට බැරිද? පුළුවන්. තවත් කෙනෙකුට පුළුවන් ගිනිකූර ගත්තා, දෙපාරක් ගැහුවා, වීසි කළා. කරුවලේ ඉන්ටත් පුළුවන් ගිනිකූරත් නැතිව. ඒ එකම එක ගිනිකූර හරි විදිහට භාවිතා කරන්ට දක්ෂ එක්කෙනාට තමයි එළියක් ලබාගන්න පුළුවන් වෙන්නේ. ඒ වගේ එකක් තමයි කල්පනා කරනවා, නුවණින් විමසනවා කියන එක.

තනියම කරන්ට බෑ....

හැබැයි පින්වත්නි, මේ නුවණින් විමසීම කියන එක 'හා... මං නුවණින් විමසන්නං... මාත් නුවණින් විමසන්න

දන්නවා. අනිත් අය වගේ මටත් නුවණින් විමසන්ට පුළුවනි...' කියලා තමන්ට තනියම කරන්ට හැකි දෙයක් නෙමෙයි. නුවණින් විමසලා, නුවණ උපද්දවාගෙන ඒ නුවණින් හාස්කම් පෙන්නපු මහා මුනිවරයෙක් අපි සරණ ගියා. ඒ තමයි බුදුරජාණන් වහන්සේ. උන්වහන්සේ දේශනා කරලා තියෙනවා යම් ධර්මයක්. නුවණින් විමසන කෙනාට උදව් වෙන්නේ අන්න ඒ ධර්මයයි. ඒ ධර්මය හරහා එයා කල්පනා කළොත්, ඒ ධර්මයේ තියෙන කරුණු සිතට අරගෙන කල්පනා කළොත් යම්කිසි විදිහකට යමක් තේරුම් ගන්ට පුළුවන් වෙයි. ධර්මය අතඇරලා තමන්ගේ හිතු මනාපයේ එයා කල්පනා කළොත් අර සාමාන්‍ය කරුවලේ ම තමයි එයාට ඉන්න වෙන්නේ.

අඳුර විනිවිද එළිය දකින්නට....

සාමාන්‍යයෙන් තමන් අවුරුදු ගානක් පදිංචි වෙලා ඉන්න ගෙදර වුණත් එකපාරට ලයිට් නැතුව ගියොත් තමන්ට පුළුවන් ද දොර තියෙන්නේ කොහේද, කුස්සිය තියෙන්නේ කොහේද, කක්කුස්සිය තියෙන්නේ කොහේද කියලා හොයාගන්ට? බෑ. කරුවලේදී තමන්ගේ ම ගෙදරත් තමන්ට හුරු නැත්නම් සාමාන්‍ය මනුස්සයෙකුට මේ ගුණධර්ම දියුණු කිරීම ගැන කවර කතාද. ඒ අන්ධකාරය තුළ පවතින ජීවිතය විනිවිද දකින ආලෝකයක් බඳු ප්‍රඥාව ලබාගන්න උදව් වෙන දේශනාවක් තමයි අද අපි ඉගෙන ගන්නේ. මේ දේශනාවේ නම **නිබ්බේධික සූත්‍රය.** මේ දේශනාව සඳහන් වෙන්නේ අංගුත්තර නිකායේ.

ධර්මයේ තියෙනවා නිබ්බිදා, නිබ්බේධ කියලා වචන දෙකක්. ඔබ අහලා ඇති සමහර දේශනාවල තියෙනවා **නිබ්බිදාය විරාගාය නිරෝධාය** කියලා. නිබ්බිදා කියලා

කියන්නේ එපා වීම, කලකිරීම, අපට ඒක අවශ්‍ය නැතිවීම. යම්කිසි දේකින් දිගටම අපට හිරිහැර ලැබෙනවා නම් අපට ඒක එපා වෙනවා. ඒකට කියනවා **නිබ්බිදා** කියලා. **නිබ්බේධ** කියලා කියන්නේ විනිවිද දකිනවා කියන එකයි. විනිවිද දැක්කොත් තමයි ඇත්ත වැටහෙන්නේ. ඇත්ත වැටහුනොත් තමයි අත්හළ යුතු දේ අත්හරින්නේ. එතකොට නිබ්බේධික කියලා කියන්නේ විනිවිද දකින්ට උවමනා නුවණ කියන එකයි.

අසිරිමත් සිරි සදහම්....

බුදුරජාණන් වහන්සේ තරම් මේ ජීවිතය විනිවිද දැකපු, මේ ජීවිතය ගැන කල්පනා කරපු, අවබෝධ කරපු, වටහා ගත්තු වෙන කෙනෙක් මේ ලෝකේ ජේනතෙක් මානයේ අහලකවත් නෑ. මේ ජීවිතය දිහා බලලා තියෙන පැති උන්වහන්සේ දේශනා කරද්දී අපට පුදුමෙනුත් පුදුමයි. මේ දේශනාවත් හිතන්න බැරි තරම් ආශ්චර්ය දේශනාවක්. අපි කවදාවත් මේ විදිහට ජීවිතය ගැන කල්පනා කරලා නෑ. හිතලා නෑ. කොටින්ම කියනවා නම් හරියට බත් මුට්ටියක් උයාගන්න බැරි, ව්‍යංජනයක් හරියට හදාගන්ට බැරි, ගෙයක දොරක ප්‍රශ්නයක් විසඳග න්ට බැරි කෙනෙක් කොහොමද එකපාර තමන්ගේ ජීවිත ගැටලුව තේරුම් ගන්නේ?

අපි දැන් නිතර නිතර මේ බුද්ධ දේශනා අහලා තියෙන නිසා මේවා ගැන දන්නවා. එහෙම නැත්නම් අපට හිතාගන්ට බෑ කොහොමද මේ විදිහට එක එක පැතිකඩවල් ගැන හිතන්නේ කියලා. බුදුරජාණන් වහන්සේ මේ දේශනාවේ විස්තර කරනවා ජීවිතය විනිවිද දකින ආකාර හයක්. උන්වහන්සේ දේශනා කරනවා **(නිබ්බේධිකපරියායං වෝ භික්ඛවේ ධම්මපරියායං**

දේසිස්සාමි) පරියාය කියන්නේ ක්‍රමය. "මහණෙනි, ජීවිතය ගැන අවබෝධයෙන් ම කළකිරෙන්ට, ජීවිතය ගැන හොඳට තේරුම් යන්ට, ජීවිතය දිහා සියුම් විදිහට නුවණින් විනිවිද බැලීමට උපකාර වන දහම් ක්‍රමයක් මම ඔබට කියාදෙන්නම්."

ශ්‍රවණ මාත්‍රයෙන් අවසන්....

(තං සුණාථ) ඒක හොඳට අහගන්න. සාමාන්‍යයෙන් අපේ ස්වභාවය තමයි අහලා අතහැරීම. මේකේ කියනවා **(සාධුකං මනසිකරෝථ)** අහලා ඉවරවෙලා හොඳට මෙනෙහි කරන්න කිව්වා. ඔන්න අපේ අතින් වෙන්නෙ නැති එක. අපි අහනවා විතරයි. මෙනෙහි කිරිල්ලක් නෑ. මෙනෙහි කිරිල්ලක් නැති නිසා මතකයට එන්නේ නෑ. මතකයට එන්නේ නැති නිසා ඒක හිතේ පිහිටන්නේ නෑ. හිතේ පිහිටන්නේ නැති නිසා ආලෝකය නෑ. එහෙනම් ඒක ශ්‍රවණ මාත්‍රයකින් ඉවර වෙලා. ඇසීම් මාත්‍රයකින් ඉවර වෙලා. කෙලෙස් සහිත මනසට පුරුදු නෑ ඒක.

කෙලෙස් සහිත මනසට පුරුදු මොකක්ද? ඔන්න කවුරුහරි ඇවිල්ලා කියනවා 'අසවලා නුඹට මෙසේ කිව්වේය' කියලා. ඔන්න ඒක ඇහෙනවා. ඊට පස්සේ අහනවා 'හරි... ඒකා කොහොමද කිව්වේ?' ඊට පස්සේ කියනවා 'ඒකා මෙහෙමයි කිව්වේ...' දැන් ඔන්න අහගත්තා. මතකයෙත් හිට්ටා. ඊට පස්සේ ඕක අගේට මෙනෙහි කරනවා. මෙනෙහි කරද්දී කරද්දී නූපන් අකුසල් උපදිනවා. උපන් අකුසල් වැඩෙනවා. ඒක තමයි අපි මේ සංසාරේ ආපු රටාව. මේ පුරුදු වෙච්ච රටාව කඩන්නේ නැත්නම්, ඒකට වීරියක් ගන්නේ නැත්නම් මේ ආත්මෙත් බෑ. මේ අවස්ථාවල් අහිමි වෙන හැටි ගැන මං ඔබට හරි දුක හිතෙන කතාවක් කියන්නම්. මේකේ නම සුව ජාතකය.

උදේ වරුවට පාත්තර ගෙඩි තුනක්....

බුදුරජාණන් වහන්සේගේ කාලේ බොහෝම ශ්‍රද්ධාවෙන් තරුණයෙක් පැවිදි වුනා. පැවිදි වුනාට ටිකාක් බඩජාරියි. උදේ පාන්දරින් ම යනවා විශාකාවගේ සිටුමාලිගාවට. ගිහිල්ලා එතනින් හොඳට වළඳනවා. ඊට පස්සේ එතනින් පිටත් වෙලා අනේපිඬු සිටුතුමාගේ මාළිගාවට යනවා. ගිහිල්ලා එතනිනුත් වළඳනවා. ඊට පස්සේ යනවා කොසොල් රජ්ජුරුවන්ගේ මාළිගාවට. එතනිනුත් හොඳට වළඳනවා. එහෙම හොඳට බඩ පිරෙන්න වළඳලා එනවා. උදේ වරුවේ පාත්තර ගෙඩි තුනක් වැළඳුවා කියන්නේ හොඳ ගණන් නේද? ඒකට අපි මොකක්ද කියන්නේ? බඩජාරිකම, කෑදරකම කියලා.

භික්ෂූන් වහන්සේලා මේක දැකලා කිව්වා 'ඔය ක්‍රමේ හරියන්නේ නෑ ආයුෂ්මතුන්. ඔයිට වඩා සංවර වෙන්ට' කියලා. දවසක් වැඩිපුර වළඳලා අපවත් වුනා. භික්ෂූන් වහන්සේලා බුදුරජාණන් වහන්සේ ළඟට ගිහින් කිව්වා 'ස්වාමීනී භාග්‍යවතුන් වහන්ස, අසවල් භික්ෂුව වළඳලා වැඩිවෙලා අපවත් වෙලා. අපි උන්නාන්සේට අවවාදත් කළා ඔය විදිහට වළඳන්ට එපාය කියලා. ඒත් ඇහුවේ නෑ' කිව්වා. බුදුරජාණන් වහන්සේ වදාළා 'මං කලින් ආත්මෙකත් අවවාද කළා ඔය පුරුද්ද කඩාගන්න කියලා. කඩාගත්තේ නෑ පුරුද්ද' කිව්වා. ඊට පස්සේ භික්ෂූන් වහන්සේලා 'ස්වාමීනී, මොකක්ද ඒ කලින් ආත්මේ පුරුදු කරපු දේ?' කියලා ඇහුවා.

ගිරවුන්ගේ ඉරණම....

හරි ලස්සනයි මේ කතාව. මේ කතාව අනුසාරයෙන් අපේ ජීවිතයෙත් එක එක පුරුදු ගැටගැහිලා ලෙහා ගන්න

බැරිව තියෙන හැටි තම තමන්ට දැකගන්ට පුළුවන්. පුරුද්දෙන් වෙන්නේ ගැටේ හැදෙනවා. ඊට පස්සේ ගැටේ ලිහාගන්ට බෑ. බෝසතාණන් වහන්සේ එක්තරා ආත්මෙක ගිරවෙක් වෙලා උපන්නා. මේ ගිරවා අසූදාහක මහා ගිරා සේනාවකට නායකයා වෙලා හිටියා. ඔබ දැකලා තියෙනවාද ගිරව් රංචු කෑගහගෙන ආකහේ පියාඹනවා? ඉතින් ඒ ජාතකට්ඨකතාවේ සඳහන් වෙනවා ඒ විදිහට ගිරව් වේගයෙන් යනකොට ඇස්වලට දූවිලි වදිනවා. ඇස් ඇරගෙනනේ පියාඹන්නේ. ඒ නිසා කාලයක් යනකොට ගිරවාගේ ඉස්සෙල්ලා ම දුර්වල වෙන්නේ ඇස් දෙක. ඇස් දුර්වල වුනාම උන්ට පියාඹගන්ට බෑ. එතකොට උන් කූඩුවක තනිවෙනවා. හාමතේ ඉන්දෙද්දී එක්කෝ සතෙකුට ගොදුරු වෙනවා. එක්කෝ හාමතේ ම මැරිලා යනවා. ඒක තමයි ගිරවුන්ගේ ඉරණම.

මුහුද මැද්දේ අඹ දූපත....

ඉතින් මේ බෝසත් ගිරවාටත් ඒ දේ ම වුණා. ඒ බෝසත් ගිරවාට පුත්‍රයෙක් හිටියා. දැන් ඔන්න බෝසත් ගිරවත් ඔත්පල වෙලා, ගිරවිත් ඔත්පල වෙලා බෙනේ ඇතුලේ ඉන්නවා. ඒ දෙන්නට ම කන්ට ගෙනත් දෙන්නේ අර ගිරා පුත්‍රයා. කොහේහරි ගිහිල්ලා මොනවහරි අහුලන් කාලා දෙමව්පියන්ටත් ගෙනල්ලා කන්ට දෙනවා. දවසක් අඹයක් අරන් ආවා. අරන් ඇවිල්ලා දුන්නා. බෝසත් ගිරවා මේ අඹයට කොටලා අඹේ ඉස්ම බිව්වා. බීලා ඇහුවා 'පුත්‍රය, උඹට කොහෙන්ද මේ අඹේ? උඹ ගියාද අර මුහුදින් එතෙර ඈත තියෙන දූපතට? ඒ දූපතේ තමයි මේ ජාතියේ අඹ තියෙන්නේ' කියලා කිව්වා. ඊට පස්සේ කිව්වා 'පියාණනි, එහෙමයි මම ගියා. ඒ දූපතේ ෂෝක් අඹ තියෙනවා. රස අඹ තියෙනවා. මමත් ඇති පදං

අඹ ඉස්ම බීලා මේ ආවේ' කිව්වා. ඊට පස්සේ කිව්වා 'පුත්‍රයා මේ අහපං. ආයෙ උඹ ඒ පැත්තේ යන්ට එපා. (ඔන්න අවවාදය) ඒ අඹවලට තියෙන ආසාව අත්ඇරගං. ඔය පැත්තේ ගිය උන්ට ආයුෂ නෑ' කිව්වා. මෙයා ඒ උපදේශය හිතට ගත්තා. ඉගිලිලා යද්දී අර දිසාව දැක්ක ගමන් උපදේශය මතක නැතිවුණා.

අවවාදය අමතක කිරීම නිසා විපතට පත්වුණා....

දැන් තාත්තට කරන්න දේකුත් නෑ. ඇස් පේන්නෙත් නැනේ. එයාට තියෙන්නේ දෙන දෙයක් කාලා ඉන්ටයි. ඉතින් මේ ගිරා පැටියා මුහුද මැද්දේ තියෙන ඒ දූපතට ගියා. හොඳට ඉදිච්ච අඹ කාලා කාලා බඩ පුම්බ ගත්තා. තව පුංචි අඹ වල්ලක් හොටේ පටලවගෙන පියාඹගෙන එනවා. මුහුද උඩදී හුළං සැරත් එක්ක අනේ නිදිමත ආවා. එතකොට හොට බුරුල් වෙලා අඹ වල්ල මුහුදට වැටුනා. මුහුදට වැටෙනකොට ම 'හහ්.... මේක වැටුනනේ' කියලා වේගයෙන් අර අඹවල්ල ගන්න පාත් වුනා. අඹවල්ල වතුරට වැටිච්ච ගමන් මෙයා වතුරට ඔළුව දාලා අඹ වල්ල හොටට අල්ලගත්තා. උඩට එන්න බැලුවා, එන්න බෑ, ඇඟ බරයි. අත්තටු ගහනකොට මාළුවෙක් ඇවිල්ලා එක කටට ගිල්ලා.

බෝසත් ගිරවා දැන් බලන් ඉන්නවා ඉන්නවා පුත්‍රයා නෑ. ගිරවිට කිව්වා 'එකත් එකට ම මේකා මං එපා කියපු තැනට ගොහින්. මං එපා ම කිව්වා යන්ට. ගිරව් ඕනෑවටත් වඩා ඔය අඹ ඉස්ම බීලා මුහුද මැද මැරෙනවා. ඕක දැනගෙනයි මං යන්ට එපා කිව්වේ.' දැන් බලන්න ඒ භික්ෂුව කලින් බෝසතාණන් වහන්සේගේ ගිරා ආත්මේ

පුත්‍රයා. මේ ආත්මේ භාග්‍යවතුන් වහන්සේගේ බුද්ධපුත්‍රයා. කොහොමහරි පින කැරකිලා බුදුරජාණන් වහන්සේගේ ළඟටම ආවා. පැවිදිත් වුනා. මොකක්ද කඩාගත්තේ නැත්තේ? පුරුද්ද. මේ පුරුද්දට මං අහුවෙලා ඉන්නවා කියලා තමන් ව හඳුනගත්තේ නෑ.

නානාප්‍රකාර පුරුදු....

ඔබ අපි සියලු දෙනා ම නානාප්‍රකාර පුරුදු ගොඩක පැටලිච්ච උදවිය. සමහරු අහුවෙනවා හිතුවක්කාරකම නමැති පුරුද්දට. ඒ පුරුද්ද කැඩුවේ නැත්නම් එයාට විසඳුම් නෑ. සමහර අය අහුවෙනවා අකීකරුකම නමැති පුරුද්දට. ඒ පුරුද්ද කැඩුවේ නැත්නම් එයාට විසඳුම් නෑ. මේ වගේ නානාප්‍රකාර පුරුදු තියෙනවා. ඒ පුරුදු කඩන්න තමයි අපි සරණ යන්නේ. සරණ ගියාට පස්සේ අපි තැන දෙන්නේ සරණට මිසක් පුරුද්දට නෙමෙයි.

දැන් අර ගිරවගේ තාත්තා කිව්වා 'පුතේ යන්ට එපා ඔහේ' කියලා. ගිරවා ඒක ඇහුවේ නෑ. ඇයි ඇහුවේ නැත්තේ? ගිරවා තමන්ගේ පියාට ජීවිතය පූදා හිටියේ නෑ. ගිරවා ආඩම්බරෙන් හිතුවා 'නෑ... මමයි පියාට සලකන්නේ' කියලා. අන්න වැරදිච්ච තැන. මමයි පියාට සලකන්නේ කියලා තමන් තමන්ගේ පැත්තෙන් හිතට ගත්තා. තමන් පියාට දිවි පුදා හිටියා නම් තමන්ගේ කියලා මොකුත් නැතුව, අර පුරුද්ද කැඩෙනවා ඒ ආත්මෙ ම. ඒ ආත්මේ ඒ පුරුද්ද කඩාගත්තා නම් සැවැත්නුවර පැවිදි වෙච්චි මේ ආත්මේ එහෙනම් වැඩිපුර කාලා අපවත් වෙන්නේ නෑ. ආයෙ සංසාරෙට වැටෙන්නේ නෑ.

තුනුරුවන්ට දිවි පුදන්න ඕනෑ....

ලස්සනට කර්මය හැදිලා බුදුරජාණන් වහන්සේ

ළඟට ම ගෙනාවා. පැවිදි වෙන්න අවස්ථාවත් ලබාදුන්නා. ළඟමත් හිටියා. අර පුරුද්ද කැඩුනේ නෑ. ඇයි පුරුද්ද කැඩුනේ නැත්තේ? තමන්ට කියලා කොටහක් තියා ගත්තා. තමන් ජීවිතය පූජා කළේ නෑ තුනුරුවන්ට. තුනුරුවන්ට ජීවිතය පූජා කළේ නැති වුනාට පස්සේ තමන්ගේ සක්කාය දිට්ඨියත් එක්ක අර පුරුදු වැඩ කරනවා. ඒ නිසා මෙබඳු රටාවකින් බේරිලා යන්ට නම් තුනුරුවන්ට, ගුරුවරුන්ට දිවි පුදා වාසය කරන්ට ඕනෙ.

මං ඔබට මේකට තවත් උදාහරණයක් කියන්නම්. බුද්ධ කාලේ එක භික්ෂුවක් හිටියා පෝඨිල කියලා. ඒ භික්ෂූන් වහන්සේ ධර්මය හොඳට ඉගෙන ගත්තා. අනිත් අයටත් කියා දෙනවා. හැබැයි තමන් ධර්මය පුරුදු කරන්නේ නෑ. බුදුරජාණන් වහන්සේ දැක්කා මෙයා ධර්මය පුරුදු කරන්න පුළුවන් කෙනෙක්. දන්නවා කියලා හිතාගෙන ඉන්න නිසා මෙයා අමාරුවේ වැටිලා. ඒ සිතිවිල්ලට පහර දෙන්න උන්වහන්සේ 'හිස් පෝඨිල, තුච්ඡ පෝඨිල' කියකිය කතා කරනවා.

උඩඟුකම අතඇරියා....

එතකොට මෙයා තනියම කල්පනා කළා 'මේ නවාංග ශාස්තෘ ශාසනය ම මම මතක තබාගෙන ඉන්නවා. මං අනිත් අයටත් කියා දෙනවා. ඒත් මට හිස්ය කියනවා. එහෙනම් මං යන්ට ඕනෑ මේ ධර්මය පුරුදු කරන්ට' කියලා. ඊට පස්සේ මෙයා මහා තෙරුන්නාන්සේ නමක් ගාවට ගියා. ඇයි දැන් මෙයා බොහොම කාරණා කාරයානේ. ගිහිල්ලා කිව්වා 'ස්වාමීනී, මං ආවේ මගේ මේ ප්‍රතිපදාවට උපකාරයක් ගන්ටයි' කියලා. 'මට නම් මේ වෙලාවේ බෑ. ආන් අතන්ට ගිහිල්ලා බලන්ට' කිව්වා. උන්වහන්සේ

අතඇරියා. උඩඟුකමට වැදුනේ නැද්ද? වැදුනා. උඩඟුකම තියාගෙන හිටියා නම් එයා එතන ම එයාගේ ප්‍රතිපදාව අතඅරිනවා. නමුත් මෙයාට නුවණක් තිබුණා.

ගුරුවරයාට දිවි පිදුවා....

ඊට පස්සේ ආයෙමත් ගියා තව තෙරුන්නාන්සේ නමක් ගාවට. 'අනේ මට නම් වැඩපොළ තියෙනවා ටිකක්. ආන් අසවල් තැනට යන්ට' කිව්වා. කව්රුත් බාරගන්නේ නෑ තෙරුන්නාන්සේලා. ඔය අතරේ හිටියා පොඩි සාමණේර රහතන් වහන්සේ නමක්. පොඩි වුණාට හොඳට කරුණු කාරණා තේරෙනවා. 'ආන් අර පොඩිනම ගාවටවත් ගිහින් බලන්ටකෝ' කිව්වා. පොඩිනම ගාවට ගිහිල්ලා කිව්වා 'අනේ මට මේ ධර්ම මාර්ගය පුරුදු කරගන්ට ඕන. ඔබවහන්සේ මට උපකාර කරන්න' කිව්වා. 'ස්වාමීනී, එහෙමනම් මම කියන දේ කරන්ට පුළුවන්ද?' කියලා ඇහුවා. 'ඒ මොකක්ද?' කියලා ඇහුවා. ඉස්සරහා තිබුණා පොකුණක්. 'ආන් අර පොකුණට පනින්න එහෙනම්' කිව්වා. කෙලින්ම ගිහිල්ලා පොකුණට පැන්නා. 'අනේ වඩින්ට ස්වාමීනී, ඔබ වහන්සේ දහම දකින්ට සුදුසුයි' කිව්වා. ගුරුවරයාට දිවි පිදුවා. සාර්ථක වුනා. සුළු කලයි ගියේ රහත් වුනා.

තමාව අත්හැරීම....

ඒ පොඩි රහතන් වහන්සේ මොකක්ද ඒ කළේ? අරයගෙ පුරුද්ද කැඩුවා. එහෙම නැතුව පුරුදු කැඩෙන්නේ නෑ. පුරුද්දට ම පැටලි පැටලි යනවා. පුරුදුවලට ගැට ගැහිලා ඉන්නේ. ගැටේ ලෙහෙන්නේ නෑ. ඒ ගැටේ ලෙහෙන්ට නම් එයා ඒ ගැටේ ගැහෙන්නේ නැති විදිහට

මනස හදාගන්ට ඕන. බුද්ධ දේශනාවල තියෙනවනෙ **(ආතාපී පහිතත්තෝ)** කියලා. ආතාපී කියන්නේ කෙලෙස් තවන වීරිය. පහිතත්ත කියන්නේ තමාව අතහැරීම. එයා බුදුරජාණන් වහන්සේ කියන රටාවෙන් විතරයි කල්පනා කරන්නේ. තමන්ගේ පැත්තෙන් මොකුත් හිතන්නේ නෑ. ඒකට තමයි පහිතත්ත කියන්නේ. එහෙම අය තමයි මේ ධර්මය දැක්කේ. මගේ මගේ මම මම කියපු කිසි කෙනෙක් ධර්මයට ළං වුනේවත් නෑ. ඒ නිසා ධර්මය දකින්ට උපකාර වන ප්‍රධාන දෙයක් තමයි පුරුදු කැඩෙන ආකාරයට ධර්මය පැත්තට ජීවිතය දීම.

ජීවිතය විනිවිද දකින කරුණු හයක්....

ඉතින් බුදුරජාණන් වහන්සේ දේශනා කරනවා "මහණෙනි, මේ ජීවිතය විනිවිද දකින්ට උපකාර වන කරුණු හයක් ඔබට කියන්නම්. **(තං සුණාථ)** එය මනාකොට අසන්ට. **(සාධුකං මනසිකරෝථ)** හොඳහැටියට මෙනෙහි කරන්ට. හොඳහැටියට මෙනෙහි කරනවා කියන එක කරලා නැත්නම් අර පුරුද්දේ විතරයි තමන් ඉන්නේ. ඒ පුරුද්ද මැඩගෙන යන්ට බෑ. පුරුද්ද මැඩගෙන යන්ට පුළුවන් කුසලතාවය එන්නේ හොඳහැටියට මෙනෙහි කිරීම තුළින්. ඇසීම් මාත්‍රයෙන් අතඇරියොත් පුරුද්ද ඒ විදිහට ම දිගටම තියේවි. පුරුද්දට හානියක් නෑ. පුරුද්ද තුළ ම කාල් ගෑවි ගෑවී පරණ චක්‍රයේ ම යාවි. ඒක වෙනස් වෙන්ට නම් දෙවෙනි එක වෙන්ට ඕන. පළවෙනි එක ඇසීම. දෙවෙනි එක හොඳහැටියට මෙනෙහි කිරීම. හොඳහැටියට මෙනෙහි කරනවා කියන එක නොකරන තාක් එයාගේ හිතේ ධර්මය පිහිටන්නේ නෑ. ඒක තමයි මේකේ තියන රටාව. ඔන්න දැන් බුදුරජාණන් වහන්සේ ඒ කරුණු හය දේශනා කරනවා.

1). **(කාමා භික්ඛවේ වේදිතබ්බා)** මහණෙනි, කාමයෝ දැනගත යුතුයි.

2). **(වේදනා භික්ඛවේ වේදිතබ්බා)** විඳීම් දැනගත යුතුයි.

3). **(සඤ්ඤා භික්ඛවේ වේදිතබ්බා)** සංඥාව දැන ගන්ට ඕන.

4). **(ආසවා භික්ඛවේ වේදිතබ්බා)** ආශ්‍රවයන් දැන ගන්ට ඕන.

5). **(කම්මං භික්ඛවේ වේදිතබ්බං)** කර්මය දැනගන්ට ඕන.

6). **(දුක්ඛං භික්ඛවේ වේදිතබ්බං)** දුක දැනගන්ට ඕන.

බුදුරජාණන් වහන්සේ මේ විස්තර කරන කරුණු ටික අපි අහලා, ඒ ඇසූ දේ ඇසූ ආකාරයෙන් මෙනෙහි කරන්ට පටන් ගත්තොත් අන්න එතකොට ටිකාක් තේරේවි. අහලා ඇසූ දේ එතනම අතහැරියොත් එයා තුළ ඉතුරු වෙන්නේ අර පුරුදු කරන් ආපු දේ විතරයි. පුරුදු කරන් ආපු දේට එරෙහි වූ දෙයක් එයාගේ හිතේ පිහිටන්නේ නෑ. පුරුදු කරන් ආපු රටාවේ යන එක තමයි මේකේ ස්වභාවය. පුරුදු කරන් ආපු දේ නවතින්ට නම් ඊට වඩා විශේෂ දෙයක් වෙන්ට ඕන. ඒ විශේෂ දේ තමයි තමන්ගේ පැත්තෙන් කල්පනා කරන්නේ නැතුව ධර්මය පැත්තෙන් ම හිතන්න පුරුදු වීම. තමන්ගේ පැත්තෙන් කල්පනා කරපු ගමන් තමන් අමාරුවේ වැටෙනවා.

කාමයන් ගැන සය අයුරකින් අවබෝධ කළයුතුයි....

ඊළඟට බුදුරජාණන් වහන්සේ මේ එක් එක්

කාරණය සය ආකාරයකින් අවබෝධ කරන්ට ඕන කියලා විස්තර කරනවා. දැන් අපි බලමු මොනවද ඒ සය ආකාරය කියලා.

1). **(කාමා භික්ඛවේ වේදිතබ්බා)** මහණෙනි, කාමයෝ දත යුතුයි.

2). **(කාමානං නිදානසම්භවෝ වේදිතබ්බෝ)** කාමය හටගන්නේ මොකෙන්ද කියලා දැනගන්ට ඕන.

3). **(කාමානං වේමත්තතා වේදිතබ්බා)** කාමයන්ගේ වෙනස්කම දැනගන්ට ඕන.

4). **(කාමානං විපාකෝ වේදිතබ්බෝ)** කාමයන්ගේ විපාක මොනවද කියලා දැනගන්ට ඕන.

5). **(කාමනිරෝධෝ වේදිතබ්බෝ)** කාමයන් නැතිවීම, කාමයන්ගෙන් නිදහස් වීම දැනගන්ට ඕන.

6). **(කාමනිරෝධගාමිනීපටිපදා වේදිතබ්බා)** මේ කාමයන්ගෙන් නිදහස් වෙන්ට තියෙන වැඩපිළිවෙල දැනගන්ට ඕන.

ඔය ටික ඔක්කෝම දැනගත්තොත් එයා කාමය බදාගන්නේ නෑ. කාමය පස්සේ වැටෙන්නේ නෑ. එයාට කාමය හොඳට විනිවිද යන්ට බලන්ට පුළුවන්. මේක දන්නේ නැත්නම් මරණාසන්න වෙනකොටත් ආසා කරන දේවල් ම මෙනෙහි කර කර ඉන්නවා. 'අනේ මගේ ළමයි ටික... අනේ මගේ ගෙවල් දොරවල්... මං නැති කාලෙට මේවා කවුරු බලයි ද... මේ දරුවා කවුරු බලයි ද... මගේ මුණුබුරා බලන්ට කව්රුත් නෑ... මං විතරයි ඉන්නේ...' කියලා. ඒ මොනවා ගැන ද මෙනෙහි කරන්නේ? කාමය. කාමය විනිවිද දකින්ට බෑ මේක දන්නේ නැත්නම්.

කාමය සහ කාමගුණ....

ඔන්න දැන් බුදුරජාණන් වහන්සේ කාමය ගැන විස්තර කරනවා. කාමය ගැන කියන්න කලින් උන්වහන්සේ වෙන දෙයක් ගැන විස්තර කරනවා. "මහණෙනි, කාමගුණ පහක් තියෙනවා.

1. ඉෂ්ට වූ, කාන්ත වූ, මනාප වූ, ප්‍රිය ස්වභාව ඇති, කැමැත්ත ඇතිවෙන, කෙලෙස් ඇතිවෙන ඇසට පෙනෙන රූප.

2. ඉෂ්ට වූ, කාන්ත වූ, මනාප වූ, ප්‍රිය ස්වභාව ඇති, කැමැත්ත ඇතිවෙන, කෙලෙස් ඇතිවෙන කනට ඇසෙන ශබ්ද.

3. ඉෂ්ට වූ, කාන්ත වූ, මනාප වූ, ප්‍රිය ස්වභාව ඇති, කැමැත්ත ඇතිවෙන, කෙලෙස් ඇතිවෙන නාසයට දැනෙන ගඳසුවඳ.

4. ඉෂ්ට වූ, කාන්ත වූ, මනාප වූ, ප්‍රිය ස්වභාව ඇති, කැමැත්ත ඇතිවෙන, කෙලෙස් ඇතිවෙන දිවට දැනෙන රස.

5. ඉෂ්ට වූ, කාන්ත වූ, මනාප වූ, ප්‍රිය ස්වභාව ඇති, කැමැත්ත ඇතිවෙන, කෙලෙස් ඇතිවෙන කයට දැනෙන පහස.

මිනිසා වසඟ වී ගිය කාමය....

සරලව කියනවා නම්, අපි ගමු ඉදුණු අඹ ගෙඩියක් තියෙනවා. ඉදුණු අඹ ගෙඩිය ලස්සනයි, පෙනුමයි. ඒක තමයි ඒකේ තියෙන ගුණය. එතකොට ඒකට තමයි අපි ආසා. ඒ වගේම ඒක සුවඳයි. ඒක තමයි ඒකේ තියෙන

ගුණය. ඒකට තමයි අපි ආසා. ඒ වගේම ඒ අඹ ගෙඩියේ හොඳ මිහිරි රහක් තියෙනවා. මේ ඔක්කෝම අඹයේ තිබ්ච්ච අගුණ ද ගුණ ද? ගුණ. මේ ගුණ ඒ අඹයේ තිබුණේ නැත්නම් ඒ අඹය දිහා ඔබ බලනවාද? නෑ. ඒ වගේ කාමගුණ පහක් තියෙනවා. ඒ තමයි ඇහැට පෙනෙන රූප, කනට ඇහෙන ශබ්ද, නාසයට දැනෙන ගඳසුවඳ, දිවට දැනෙන රස, කයට දැනෙන පහස. හැබැයි ඒ හැම එකක් ම කාමගුණයක් වෙන්නේ නෑ. ඒවා තුළ මේ කියන ලක්ෂණ ටික තියෙන්න ඕනෙ.

(ඉට්ඨා) හරි යහපත්, ලස්සනයි. **(කන්තා)** කාන්තයි, සිත් ඇද ගන්නවා. **(මනාපා)** හරි ප්‍රියමනාපයි. **(පියරූපා)** බලන්ට ආසයි. **(කාමූපසංහිතා)** කැමැත්ත ඇති වෙනවා. **(රජනීයා)** සිත ඇලෙනවා. මේ ලක්ෂණ ටික තියෙනවා නම් යම්කිසි රූපයක ඒක කාමගුණයක්. මේ ලක්ෂණ නැත්නම් ඒ රූපය කාමගුණයක් වෙන්නේ නෑ. මේ ලක්ෂණ තියෙනවා නම් යම් ශබ්දයක ඒක කාමගුණයක්. මේ ලක්ෂණ තියෙනවා නම් යම් සුවඳක ඒක කාමගුණයක්. මේ ලක්ෂණ තියෙනවා නම් යම් රසයක ඒක කාමගුණයක්. මේ ලක්ෂණ තියෙනවා නම් යම් පහසක ඒක කාමගුණයක්.

තවත් සරලව තේරුම් ගන්න....

අපේ හිත ඇදෙන්නේ මේ කියපු ලක්ෂණ තියෙන අරමුණට ද, මේ ලක්ෂණ නැති අරමුණට ද? මේ ලක්ෂණ තියෙන අරමුණට. දැන් ඔන්න අපි ඔබට දවල්ට දානේ දෙනවා. ඔන්න හපනකොට ගල්. ගුණයක් ද? නෑ. හොද්දක් තියෙනවා ලුණු නෑ. ගුණයක් ද? නෑ. මැල්ලුමක් තියෙනවා රොස් වෙලා. ගුණයක් ද? නෑ.

මේ විදිහට හදාපු එකක් ඔබට දෙනවා. ඔබ කියනවා 'අනේ මං මේ කනවාට කනවා' කියලා. ඇයි, ඒකේ ඇලෙන්ට දෙයක් නෑ. ඊට පස්සේ ඔබට තව දානයක් දෙනවා හොඳට එළවලු බතක් හදලා, හොඳට මාළු දෙකතුනක් හදලා, කට්ලට් හදලා, පපඩම් බැදලා දෙනවා. අරහේ ගේනකොට ම ඔන්න සුවඳයි. කාමගුණයක් ද නැද්ද? කාමගුණයක්. බලනකොට පෙනුමත් බොහොම ලස්සනයි. කාමගුණයක් ද නැද්ද? කාමගුණයක්. ඇහැට ප්‍රිය ද නැද්ද? මනාප ද නැද්ද? කන්ට ආසා හිතෙනවා ද නැද්ද? ඒ ඔක්කොම මොනවාද? කාමගුණ. එතකොට ඒක ඇහැට පේන කාමගුණය. ඔන්න ඊට පස්සේ ඔබ කටක් අරගෙන කෑවා. 'ම්.... රසයි' කියනවා. ඒ මොකක්ද? කාමගුණය. ඒක දැනුනේ ඇහැට නෙවෙයි, දිවට.

කාමය කියන්නේ සංකල්පීය රාගයටයි....

බුදුරජාණන් වහන්සේ වදාළා **(අපි ච බෝ භික්ඛවේ නේතේ කාමා)** "මහණෙනි, මේවා කාමයෝ කිව්වට කාමය නෙවෙයි. **(කාමගුණා නාමේතේ අරියස්ස විනයේ වුච්චන්ති)** මේවාට ආර්ය විනයේ කියන්නේ කාමගුණ කියලයි." එහෙමනම් කාමය කියන්නේ මොකක්ද? උන්වහන්සේ දේශනා කරනවා **(සංකප්පරාගෝ පුරිසස්ස කාමෝ)** මේ මනුස්සයාගේ කාමය කියලා කියන්නේ සිතේ හටගන්න රාගයයි. කාමය කියන්නේ සංකල්ප රාගයක්. සංකල්ප රාගයක් කියන්නේ සිතේ මවලා දෙන රාගය. **(නේතේ කාමා යානි චිත්‍රානි ලෝකේ)** මේ ලෝකයේ තියෙනවා නම් යම් විචිත්‍ර වූ, රමණීය වූ දේවල් ඒවා කාමය නෙවෙයි. **(සංකප්පරාගෝ පුරිසස්ස කාමෝ)** පුරුෂයාගේ කාමය කිව්වේ හිතේ මවලා දෙන රාගයයි. සිත් අලවන දෙයක් හිතේ මවලා දෙනවා නම් ඒක තමයි කාමය.

නුවණැත්තා ඇල්ම දුරු කරයි....

(තිට්ඨන්ති චිත්‍රානි තථේව ලෝකේ) මේ විචිත්‍ර වූ දේවල් ලෝකයේ එහෙම්ම ම තියෙනවා. (අථෙත්ථ ධීරා විනයන්ති ඡන්දං) නුවණැති අය මේවාට තියෙන ඇල්ම දුරු කරනවා." දැන් අපි හිතපු මේ හෝල් එක ගල්ලෙනක් කියලා. දැන් ඔන්න මේ ගල්ලෙනේ උඩ අපි සුදුපාට ගෑවා. ඉස්සෙල්ලා තිබුණේ කලුපාට. ඊට පස්සේ සුදු පාට ගෑවා. ඒත් දැන් ඒ දිහා බැලුවා කියලා අපට විශේෂ අමුත්තක් නෑ. කවුරුහරි කෙනෙක් ඒ ගල්ලෙනේ අඳිනවා සීගිරි ලඳුන්. දැන් ඔන්න අපි උඩ හැරිලා බලනවා. බැලුවට පස්සේ අවුල හැදෙන්නේ ගලේ ද, හිතේ ද? සංකල්ප වශයෙන් පටලවා ගන්නවා 'අනේ ලස්සන... ආන් අර මූණේ හැඩ... ආන් අර ඇඟපතේ හැඩ... ආන් අර නිතඹ... ආන් අර කෙස්... ආන් අර ගසාපු මල්...' කියලා. මේ ඔක්කොම මොනවද? සංකල්ප ගොඩක්. ඒ සංකල්ප ගොඩ ගත්තේ අර ගලේ ඇඳපු සිතුවම් දිහා බලලා. ඒ ඇඳපු දේ රේඛා, වර්ණ සහිතව ඔහේ ගල උඩ තියෙනවා. 'අනේ මේ ජාතියේ කෙනෙක් මට හැබැහින් දකින්ට ඇත්නං...' කියලා ඒක බල බලා, හිතින් මව මවා අපි ඇලෙනවා. ඒ විදිහට හිතින් මව මවා ඇලෙන එකට තමයි කාමය කිව්වේ.

කාමය විසින් උපද්දවන අර්බුද....

(අථෙත්ථ ධීරා විනයන්ති ඡන්දං) ධීර කියලා කියන්නේ ප්‍රාඥයෝ. නුවණ තියෙන අය. නුවණැත්තෝ මොකද කරන්නේ? ප්‍රඥාවෙන් බලනවා. ප්‍රඥාවෙන් බලද්දී මොකුත් ගන්ට දෙයක් නෑ. දෙතිස් කුණුප ගොඩක් විතරයි

තියෙන්නේ. නවද්වාරයෙන් අසූචි වැගිරි වැගිරී තියෙන එකක් තියෙන්නේ. නාහෙන් ගියත් යමක් ගඳයි, කනින් ගියත් යමක් ගඳයි, කටින් ගියත් යමක් ගඳයි, ඇහෙන් ගියත් යමක් ගඳයි, මුත්‍රා මාර්ගයෙන් ගියත් යමක් ගඳයි, මළමාර්ගයෙන් ගියත් යමක් ගඳයි. ඕක කවදාවත් සුවඳ වෙයිද? නෑ. නමුත් ඒ සියල්ල මැඩගෙන සංකල්ප රාගය හිතේ බැසගෙන තියෙනවා.

ඒ සංකල්පරාගය මනුස්සයාව මොනතරම් අර්බුදයක පටලවනවාද කියනවා නම්, සංකල්පරාග යේ ගිලී වාසය කරලා එහි ප්‍රතිඵල විසින් නීච ප්‍රේත ආත්මෙකට ඒ පුද්ගලයාව ගෙනියනවා. මෙයා ආසා කරගෙන හිටියා කියමු ස්ත්‍රියකට. ඒ ස්ත්‍රිය මෙයාට ඇත්ත ජීවිතයේ ලබන්ට බෑ. දැන් මෙයා ඇය කෙරෙහි සංකල්ප රාගයෙන් ඉඳලා මැරුණා. මැරිලා ප්‍රේත දණ්ඩෙක් වුණා. ප්‍රේතයෙක් වෙච්ච ගමන් එයාට ගොරෝසු කයක් නෑනේ. සියුම් සංඝටකයන්ගෙන් නිපන් ශරීරයක්නේ තියෙන්නේ. ඔන්න දැන් මෙයාට මතක් වුනා 'අනේ ලාලනී...' මතක් වෙච්ච ගමන් මෙයා කොතනද ඉන්නේ? ලාලනී ළඟ. 'අනේ මං මෙයාව දාලා යන්නේ කොහොමද..' කියලා හිතුවා. ටිකක් වෙලා යනකොට මෙන්න ලාලනීගේ ඇඟ ඇතුළේ. දැන් මෙයාට අහුවෙන්නේ ලාලනීගේ මොනවාද? අසූචි, දාඩිය, රුධිරය, සෙම, සොටු, සැරව. අර සංකල්ප රාගය තුළ දැන් එයා ඇලුම් කරගෙන වාසය කරන්නේ ඕකට. එයාගේ සොටු කකා, අසුචි කකා, දාඩිය ලෙවකකා ආදරයෙන් ඉන්නවා මගේ ලාලනී කියලා. දැක්කද සංකල්ප රාගයේ බරපතලකම? එයා නීච වෙලා නීච ස්වභාවයෙන් ඉන්නවා. නමුත් ඒ බව තමන් දන්නේ නෑ. ඕක තමයි කාමය පස්සේ ගිහිල්ලා වෙන විපැත්තිය.

සංසාර පුරුද්ද....

දැන් අපි මෙතෙක් වෙලා විස්තර කළේ කාමය ගැන. බුදුරජාණන් වහන්සේ මේ දේශනාව ආරම්භයේදී ම මොකක්ද වදාළේ? මේ කියා දෙන දේ හොඳට අහගන්න කිව්වා. ඊට පස්සේ, හොඳට මෙනෙහි කරන්න කිව්වා. දැන් ඔන්න කාමය කිව්වා ම කරුණු දෙකක් ගැන අපි දැනගෙන ඉන්න ඕනෙ. ඒ තමයි කාමයෝ සහ කාමගුණ. බුදුරජාණන් වහන්සේ ඉස්සෙල්ලාම විස්තර කළේ කාමගුණ. කාමගුණ කියන්නේ මොනවද කියලා සරලව මේ විදිහට මතක තියාගන්න. ඇසට පෙනෙන ප්‍රියමනාප රූප, කනට ඇහෙන ප්‍රියමනාප ශබ්ද, නාසයට දැනෙන ප්‍රියමනාප සුවඳ, දිවට දැනෙන ප්‍රියමනාප රස, කයට දැනෙන ප්‍රියමනාප පහස. මේවාට කියන්නේ කාමගුණ කියලා.

කාමය කියන්නේ සංකල්ප රාගයක්. ඒ කියන්නේ හිතේ මව මවා ඇලෙන එකක්. මේ ස්වභාවය අපට පුරුද්දක් හැටියට සංසාරේ ඇවිල්ලා තියෙනවා. අඹු දරුවෝ, දෙමව්පියෝ, ඥාතීන් ගැන සිතින් නානාප්‍රකාර විදිහට සංකල්පනා මව මවා, ඇලිලා, ගැටගැහිලා අටුවං බැහැලා තියෙන්නේ දැන්. මේ ගැටගැහෙන ස්වභාවය පුරුදු වෙච්ච කෙනෙකුට පොඩි දේටත් ගැටේ හැදෙනවා. ඒක තමයි කාමයන්ගේ ස්වභාවය. සංකල්ප රාගය කියන්නේ එතකොට ප්‍රකෘතියෙන් තියෙන එකක් නෙවෙයි. මවාගන්න එකක්.

දෙමව්පියෝ දරුවන්ට දෙන සාපය....

මට මේ ළඟදි හම්බ වුනා පුතාලා දෙන්නෙක්. ඒ ළමයින්ගේ මූණු හොඳටම නරක් වෙලා හිතේ වේදනාවෙන්.

මොකද හේතුව, මේ පාර විභාගෙන් ඒ දෙන්න ම ෆේල් වෙලා. ඉතින් මම ඇහුවා ඒ ළමයින්ගෙන් 'ළමයිනේ, ඔයගොල්ලෝ ළඟ ස්මාර්ට් ෆෝන් තියෙනවාද?' කියලා. තියෙනවා කිව්වා. මම එක ළමයෙකුගෙන් ඇහුවා 'තාත්තා කරන රස්සාව මොකක්ද?' මේසන් වැඩ කිව්වා. මං ඇහුවා 'ස්මාර්ට් ෆෝන් එක කීයද?' පහළොස් දාහයි කිව්වා. ඊළඟ පුතාගෙනුත් ඇහුවා 'පුතේ, තාත්තාගේ රස්සාව මොකක්ද?' තාත්තාට රස්සාවක් නෑ කිව්වා. මං ඇහුවා 'අම්මා මොකද කරන්නේ?' අම්මා කඬේක වැඩ කිව්වා. 'ෆෝන් එක කීයද?' පහළොස් දාහයි කිව්වා.

ළමයි සාපේ ඉල්ලනකොට ගනිං පුතේ සාපේ කියලා දෙමව්පියෝ තමයි සාපේ ළමයිට දෙන්නේ. ඊට පස්සේ මම ඇහුවා 'පුතේ දවසට කීයක් යනවාද ඔයාට ෆෝන් එකට වියදම?' රුපියල් සීයයි කිව්වා. මං ඇහුවා 'මාසෙට රුපියල් තුන්දාහක්...! කොහොමද කරන්නේ...?' 'නෑ... ඉස්කෝලේ යන සල්ලිවලින් අපි පිරිමහගන්නවා' කිව්වා. ඊට පස්සේ මං ඇහුවා 'ෆේස්බුක් තියෙනවාද?' තියෙනවා කිව්වා. 'ඉතින් මොකද කරන්නේ?' අපි චැට් කරනවා කිව්වා. 'පුතේ, කොහොමද ඔයා ඕක කරන්නේ ගෙදර?' 'අපි හවස හයට වහලේ හුඩ් එකට නැගලා රෑ නමයට බහිනවා. යාළුවොත් එක්ක පැය තුනක් ඒකට වෙන් කරගෙන ඉන්නවා' කිව්වා. මං කිව්වා 'පුතේ, මම නම් ඕක අරගෙන දුන්නේ, දැන් අරන් පොළවේ ගහනවා. ඕක ආපහු ගෙනිහින් දෙමව්පියන්ට දෙන්න. නැත්නම් විකුණලා සල්ලි දෙන්න' කිව්වා. මේ සංකල්ප රාගයට දරුවන් හසුකිරීමේ සාපේ කරන්නේ දෙමව්පියෝ. කරලා දන්නේ නෑ වගේ ඉන්නවා. අන්තිමට ළමයින්ටයි ඇඟිල්ල දික් කරන්නේ මේකාගේ වැරැද්ද කියලා.

මහා සාගරයේ රළ නැගෙනවා වගේ....

මේ ළඟදි තව දරුවෙක් මට මුණගැහුනා. ඒ දරුවගේ අම්මා මට කියනවා 'අනේ ස්වාමීනී, මේ ළමයා මගෙන් ෆෝන් එකක් ඉල්ලනවා. ඒක හැත්තැපන්දාහක්' කිව්වා. මං ඒ අම්මට කිව්වා 'අනේ අම්මා ඔය අපරාදේ කරන්න එපා මේ ළමයට' කියලා. ඔන්න දෙමව්පියෝ දරුවන්ට ආදරේ දක්වපු රගේ. ඔය රගේ තේරෙයි ඉස්සරහට පවුල් කඩාකප්පල් වෙලා, නඩුහබවලට මැදි වුනාම. කසාද බැඳලා සුමාන දෙකක් ඉන්න එකක් නෑ දික්කසාද වෙයි. ඇයි මේ හිතේ හටගන්න සංකල්ප රාගය මහා සාගරේ රළ නැගෙන්නැහේ නැගෙනවා නොවැ. මේක සංසිඳුවන්ට බෑනේ. මේකට ඇබ්බැහි වුණොත් ආයෙ බේරිලි බොරු.

ඊට පස්සේ මොකද වෙන්නේ, ඒ ළමයි ඕකෙන් ජරාව බලන්න පුරුදු වෙනවා. පුරුදු වුණාම මේ හිත අකුසලයට බඳුන් වෙනවා. එවෙලෙම දිට්ඨධම්මවේදනීය විපාක ලැබෙනවා. ඒ කොහොමද? හිත විසිරෙන්ට ගන්නවා. නවත්තගන්න බෑ. හිත සංසිඳෙන්නේ නෑ. එතකොට පාඩම් කරනවා තියා පොතක් දිහා බලන්ටවත් හිතෙන්නේ නෑ. විභාගෙ කිට්ටු වෙනකොට දෙමව්පියන්ට දැන් ඉගෙන ගත්ත එකේ සාක්කි පෙන්නන්ට එපැයි. විභාගේ ලියන්න බෑ හිත වැටිලා. ගිහිල්ලා කුරුටු ගාලා එනවා.

උඩින් එකයි, යටින් එකයි....

සමහර විභාග පරීක්ෂකවරු මාත් එක්ක කියලා තියෙනවා ගොඩාක් ළමයි ප්‍රශ්න පත්තරවලට උත්තර

ලියනවා නෙවෙයිලු කරන්නේ. හරියට යාඥා කරනවලු. පිංසෙන්ඩු වෙනවලු 'අනේ මාව පාස් කරන්ට' කියලා. ප්‍රශ්නපත්‍රයේ ලියනවා කියන්නේ යාඥාවල්. ඒ තත්වෙට පත්වෙලා. ඊට අමතරව අද්භූත ක්‍රමවලින් පෑන් මතුරලා විභාගෙට ගෙනියනවා. මේ විදිහට නීච වුණේ මොකෙන්ද? සංකල්පරාගය නමැති කාමයට වසඟ වීමෙන්. අන්තිමට උඩින් එකයි, යටින් එකයි. අපි ළඟට ඇවිල්ලා බොහෝම පැහැදීමෙන් වගේ වැඳලා යනවා. ගේට්ටුවෙන් එහාට ගියපු ගමන් වෙන චරිතයක්. එහෙමයි දැන් රටාව හැදිලා තියෙන්නේ. ඇතුළට වෙන චරිතයක්. පිටට වෙන චරිතයක්. අන්තිමට තමන් ළඟ චරිත රාශියක්. මේ ඔක්කොම කාමයේ විපාක.

බුදුරජාණන් වහන්සේගේ කාලේ එක උපාසකයෙක් ඇවිල්ලා බුදුරජාණන් වහන්සේට කියනවා 'ස්වාමීනී, මට ගොඩක් දවසකින් එන්ට බැරි වුනා.' 'ඇයි උපාසක එන්ට බැරි වුනේ?' 'අනේ ස්වාමීනී, අපේ ගෙදර උන්දැට සනීප නෑ' කිව්වා. 'මොකක්ද උන්දැගේ අසනීපය?' 'උන්දැගේ අසනීපය හොයාගන්ට බෑ. උන්දෑ එක එක රස කෑම ඉල්ලනවා. තෙල් දාපු කෑම, පැණි රස කෑම ඉල්ලනවා. මාත් ඉතින් හද හදා දෙනවා' කිව්වා. බුදුරජාණන් වහන්සේ ඇහුවා 'ඈ.... අසනීප වෙච්ච කෙනෙකුට ඒවා හොඳයැ....' 'අනේ මේ උන්දෑ ඉල්ලනවා. ඒකයි දෙන්නේ' කිව්වා. ඉතින් බුදුරජාණන් වහන්සේ වදාළා 'උපාසක, කලින් ආත්මෙකත් උන්දෑ ඔහොමයි' කිව්වා. ඒ මොකක්ද කියලා ඇහුවා.

හොර ලෙඩ....

බොහෝම ඉස්සර කාලෙක ඔය උන්දෑ දිසාපාමොක්

ආචාර්යවරයාගේ ශිෂ්‍යයෙක් එක්ක විවාහ වෙලා හිටියා. මේ බිරිඳ හොර ලෙඩක් ගත්තා. හොර ලෙඩක් ගත්තේ හොර සැමියෙක් නිසා. ඒ හොර සැමියත් එක්ක ඉන්ට හොර ලෙඩක් ගත්තා. දැන් ගෙදර වැඩක් පළක් කරන්නේ නෑ. කෙඳිරි ගගා ඉන්නවා. ස්වාමියා මොකද කරන්නේ, ආස කරන කෑම බීම හදලා කන්ට බොන්ට දීලා යනවා. මේ ස්වාමියා දවසක් ගියා දිසාපාමොක් ආචාර්යවරයාව බලන්ට. ඇහුවා 'ඇයි කොලුවෝ මෙතෙක් කල් නාවේ? මක් වුනාද?' කියලා ඇහුවා. 'අනේ ආචාර්යපාදයෙනි, අපේ බිරින්දෑට සනීප නෑ.' මොකක්ද අසනීපය කියලා ඇහුවා.

'පේන්ට නම් මොකවත් නෑ. හැබැයි ඇඳේ වැටිලා ඉන්නේ. උයන්ට බෑ කියනවා, අතුගාන්ට බෑ කියනවා, වළං හෝදන්ට බෑ කියනවා, පොඩ්ඩ එහාමෙහා වෙනකොට කේන්ති යනවා. අසවල් දේ කන්ට දීපිය, අසවල් දේ කන්ට දීපිය කියලා ඉල්ලනවා. මං ඒවා හදා දෙනවා' කිව්වා. 'එහෙමද... මං ඕකට හොඳ බෙහෙතක් කියන්නං. අරළු, බුළු, නෙල්ලි ගවමූත්‍රයෙන් අනාලා ලිපේ තියලා හොඳට කකාරපං. කකාරලා ගිහින් දීපං 'මේං මේ බේත බොහොම අගෙයි සොඳුරී. මේක බොන්ට' කියලා. නිකං යන්ට එපා වේවැලකුත් ඇන්න පලයං. බොන්ට බෑ කිව්වොත් කෙහෙවල්ලෙන් අල්ලලා වේවැලෙන් දෙකක් තලාපං. තලලා පොවාපං. ඕකිගේ ලෙඩේ ඕතනින් ම සනීපයි' කිව්වා. ඊට පස්සේ ගියා. හැමදාම මෙයා කරන්නේ කිරිපැණියි දොදොල්නේ හදලා දෙන්නේ. මේ පාර ගිහිල්ලා අරළු, බුළු, නෙල්ලි ගවමූත්‍රයේ දාලා තම්බලා ගෙනිහින් දුන්නා. හරි ලස්සනයි ඒ ජාතක කතාව.

මං දන්නවා තිගේ වැඩ....

ආන්න ඒ බෙහෙත ම හදලා දෙන්න කියලා බුදුරජාණන් වහන්සේත් අර උපාසකට කිව්වා. මේ උපාසකත් අරළු, බුළු, නෙල්ලි සැවැත්නුවරින් අරගෙන ගියා. ගිහිල්ලා ගව මූත්‍රවල දාලා කසාය හදලා කිව්වා 'සොඳුරී.... මං ඔයාට ඔය අසනීපයට හොඳ කසායක් ගෙනාවා.' 'හා කෝ බලන්ට' කියලා ඇඳෙන් නැගිටලා ඔළුව උස්සලා බැලුවා. 'මේක කව්ද දුන්නේ?' 'මේක බුදුරජාණන් වහන්සේ නියම කොළේ' කිව්වා. බැලුවා. නහයට ළං කළා. 'හාපෝ... පැත්ත පළාතේ ගේන්ට එපා. ඕක විසි කරන්ට' කිව්වා. ගත්තා වේවැල. 'විසි කරන්ට...! නැගිටපිය ඔය ඇඳෙන්... අද ඉඳලා මේ බෙහෙත තමයි බෙහෙත. වැඩපළ කරගෙන හිටහං. දැන් මං දන්නවා තිගේ වැඩ' කියලා කිව්වා. හෑ.... කියලා භය වුනා. බුදුරජාණන් වහන්සේ එහෙනම් දිව්‍යස් ඤාණයෙන් මං ගැන දැකලා තමයි කියලා විලිලැජ්ජාවේ බැරුව ගියා. හැදුනා.

කාමයන්ගේ නිදාන සම්භවය....

ඊළඟට මේ කාමයන්ගේ නිදාන සම්භවය කියන්නේ මොකක්ද? මේ කාමයන් පටන් ගන්න තැනක් තියෙනවා. **(ඵස්සෝ භික්ඛවේ කාමානං නිදානසම්භවෝ)** කාමය පටන් ගන්නේ ස්පර්ශයෙන්. ප්‍රියමනාප රූපයක් දැක්කහම ඇහැයි රූපයයි විඤ්ඤාණයයි එකතු වෙනවා. ඔන්න කාමය පටන් ගන්න තැන. ප්‍රියමනාප ශබ්දයක් ඇහුනාම කනයි ශබ්දයයි විඤ්ඤාණයයි එකතු වෙනවා. ප්‍රියමනාප සුවඳක් දැනෙනකොට නාසයයි සුවඳයි විඤ්ඤාණයයි එකතු වෙනවා. ප්‍රියමනාප රසයක් දිවට දැනෙනකොට දිවයි රසයයි විඤ්ඤාණයයි එකතු වෙනවා.

ප්‍රියමනාප පහසක් කයට දැනෙනකොට කයයි පහසයි විඤ්ඤාණයයි එකතු වෙනවා. මේ විදිහට එකතු වුණාම එතන ඉඳලා කාමය වැඩ කරන්ට ගන්නවා. එහෙනම් කාමය පටන් ගන්නේ ස්පර්ශයෙන්.

කාමයන්ගේ විවිධත්වය....

ඊළඟට බුදුරජාණන් වහන්සේ කාමයන්ගේ විවිධත්වය කියන්නේ මොකක්ද කියලා විස්තර කරනවා. **(අඤ්ඤෝ භික්ඛවේ කාමෝ රූපේසු)** රූපයන් කෙරෙහි තියෙන කාමය වෙනින් එකක්. ඒ කියන්නේ සමහරු සතුටු වෙන්නේ ප්‍රියමනාප රූප දිහා ම බල බල. ඊළඟට ශබ්ද කෙරෙහි තියෙන කාමය වෙනින් එකක්. තව සමහරු ප්‍රියමනාප ශබ්දවලින් ම සතුටු වෙවී ඉන්නවා. දැන් ඔය ස්මාර්ට් ෆෝන් හරහා ගොඩක් දෙනෙක් ඔය දෙකින් තමයි සතුටු වෙන්නේ. ෆෝන්වලින් නහයට සුවඳක් දැනෙන්නේ නෑ. දිවට රසයක් දැනෙන්නෙත් නෑ. ඒකේ තියෙන ඇස පිණවන රූප ම බල බල සතුටු වෙනවා. සමහරු ලස්සන රූපවලට වඩා මිහිරි හඬට තමයි ආසා. ඔබ දැකලා ඇති සමහර ළමයි ඔය ඉයර් ෆෝන් එක කනේ ගහගෙන ටෙලිෆෝන් එක සාක්කුවේ දාගෙන සින්දු ම අහ අහා ඉන්නවා. බස් එකෙත් යන්නේ එහෙමයි.

කාමය නමැති සැඩපහර....

ඊළඟට නාසයට දැනෙන සුවඳ කෙරෙහි තියෙන කාමය වෙනින් එකක්. දිවට දැනෙන රස කෙරෙහි තියෙන කාමය වෙනින් එකක්. කයට දැනෙන පහස කෙරෙහි තියෙන කාමය වෙනින් එකක්. ඒක තමයි කාමයේ විවිධත්වය. තමන්ගේ හිතේ තියෙන ගතිගුණත් එක්ක ගැලපිලා යන කාමයට එයා අහුවෙලා යනවා.

කාමයට බුදුරජාණන් වහන්සේ දේශනා කරලා තියෙනවා වචනයක් **(කාම ඕඝ)** කියලා. කාම ඕඝ කිව්වේ කාමය නමැති සැඩපහර. ඊළඟට තියෙනවා **(කාම ගන්ථ)** කාමය නමැති ගැටය, **(කාම පරිලාහ)** කාම දැවිල්ල, කාම දාහය. **(කාම පිපාස)** කාම පිපාසය. ඒ වගේ නොයෙක් වචනවලින් බුදුරජාණන් වහන්සේ මේ කාමය විස්තර කරනවා.

ඊළඟට කාමයන්ගේ විපාකය තමයි **(යං බෝ භික්ඛවේ කාමයමානෝ)** "මහණෙනි, යමෙක් කැමති වෙනවා ද, **(තජ්ජං තජ්ජං අත්තභාවං අභිනිබ්බත්තේති)** ඒ කර්මයට අනුකූල වූ ආත්මභාව උපදවා දෙයි. **(පුඤ්ඤභාගියං වා)** පිනක විපාක වශයෙන් හෝ **(අපුඤ්ඤභාගියං වා)** පවක විපාක වශයෙන් හෝ. පුණ්‍ය විපාක තමයි ඔන්න කෙනෙකුට අහන්න ලැබෙනවා දිව්‍ය ලෝක ගැන. 'දිව්‍යලෝකේ මේ වගේ සැප සම්පත් තියෙනවා. දෙවිවරු දිව්‍ය සළුපිළි ඇඳගෙන ඉන්නවා. දෙවිවරුන්ට ප්‍රණීත දිව්‍ය භෝජන තියෙනවා' කියලා මේ වගේ ඒවා දිව්‍ය ලෝකේ ගැන ඇහෙනවා. එතකොට මෙයාට දිව්‍ය කාමයට ආශාවක් ඇතිවෙනවා. දිව්‍ය කාමයට ආසාව ඇති වීම නරක දෙයක් ද? නෑ. නරක දේ මේ නීච කාමයන්ට ආසා කිරීමයි.

කාමයන්ගේ විපාක....

දැන් මේ දිව්‍ය කාමය කඩෙන් ගන්ට පුළුවන් ද? බෑ. ඒක පිනේ විපාක වශයෙන් ලැබෙන්නේ. ඒ නිසා එයා මොකද කරන්නේ, දිව්‍ය කාමයට කැමැත්තෙන් සිල් රකිනවා. මෛත්‍රී භාවනාව කරනවා. දානේ දෙනවා. වෛර ක්‍රෝධ පළිගැනීම් අතඇරලා වාසය කරනවා. අන්න එතකොට ඒ පින්වල විපාක හැටියට එයා දිව්‍ය

සැප සම්පත් ලබනවා. තමන් යමක් කැමති වෙනවා ද, ඒ පිනට හෝ පවට අනුකූල ව ඒ ඒ ආත්මභාව උපදවා දෙනවා කියන්නේ ඒකයි.

එහෙම නැතුව කෙනෙක් කැමැත්තෙන් ඉන්නවා මෙහෙම. 'අනේ මගේ ගෙවල් දොරවල්... අනේ මගේ බිරිඳ... අනේ මගේ ළමයි... අනේ මං බොහොම ආදරෙන් මේ අය පරිස්සම් කරගෙන ඉන්නේ...' කියලා. දැන් මේ මනුස්ස කාමය ගැනයි කල්පනා කරකර ඉන්නේ. ඔන්න දැන් ගෙවල් දොරවල්වල, ළමයින්ගේ වැඩ තියෙනවා. සල්ලි මදි. ඔන්න හොරකම් කරනවා. එක්කෝ බිරිඳ වැරදි කාම සේවනයේ යෙදෙනවා සල්ලි හොයන්ට. එහෙම නැත්නම් සල්ලි තියෙන කෙනෙක් එක්ක හොරාට යාළු වෙනවා. යාළු වෙලා එයාගෙන් උදව් ගන්නවා. එහෙම වෙනවාද නැද්ද මිනිස්සුන්ට කාමය නිසා? වෙනවා. ලද දෙයින් සතුටු නොවී අධික ලාභ ලබන්ට මිනිස්සු එහෙම කරනවා. මෙහෙම අකුසල් කරකරා මේ කාමය විඳින්ට උදව් ගන්ට බලනවා. එයාගේ ශරීරය දිරාගෙන යද්දි මේ මනුස්ස කාමයෙන් එහා දෙයක් එයා කල්පනා කරන්නේ නෑ. එතකොට මොකද වෙන්නේ, අර කාමයේ ම හිත පිහිටුවාගෙන ඉන්නවා. මරණයට පත්වුණාට පස්සේ අර කාමය පිණිස යම් අකුසලයක් කළා ද, යම් පවක් කළා ද, ඒ පවට අනුකූල වූ උපතක් ලැබෙනවා. එක්කෝ නිරයේ උපදිනවා. එක්කෝ තිරිසන් ලෝකයේ උපදිනවා. එක්කෝ වෙනත් නීච ආත්මෙක ගිහිල්ලා උපදිනවා. එක්කෝ පෙරේතයෙක් වෙලා උපදිනවා.

මේ සසර ගමන බොහොම භයානකයි....

මට එක ප්‍රේතයෙකුගේ විස්තරයක් අහන්න

ලැබුණා. ඒ ප්‍රේතයාට ඒ ගෙදර ගේට්ටුව ගාව ඉඳලා ගේ ඇතුළට යන්ට මාසයක් යනවාලු. බඩගාගෙන යන්නේ. සර්පයෙක් වගේ වේගෙන්වත් යාගන්ට බෑ. මේ ඔක්කොම කාමයන් නිසා විඳින්න වෙන විපාක. ඉතින් එහෙම අමාරුවෙන් ගිහින් ගිහින් ඔන්න ඇඟකට රිංග ගන්නවා 'අනේ මගේ දරුවා... අනේ මගේ ස්වාමියා... අනේ මගේ බිරිඳ...' කියලා. එහෙම රිංග ගත්තට පස්සේ ආයෙ අතඅරින්නේ නෑ. ඒක තමයි ළාමක කාමයේ විපාක. දිව්‍ය ලෝකෙක යන්න කැමැත්තෙන් පින් කරන කෙනා ඒ හේතුවෙන් දෙවියන් අතර ගිහිල්ලා උපදිනවා. ඒකත් කාමයේ විපාකයක්.

ඊළඟට තියෙනවා කාමය නිරුද්ධ වීම ගැන. කාමය පටන් ගත්ත තැන ම යි නිරුද්ධ වෙන්නෙත්. කාමය පටන් ගත්තේ කොහෙන්ද? ස්පර්ශයෙන්. එහෙනම් කාමය නිරුද්ධ වෙන්නෙත් එතන ම යි. ඇහැයි රූපයයි විඤ්ඤාණයයි එකතු වුනාම සංකල්ප රාගය පටන් ගන්නවා. ඇහැයි රූපයයි විඤ්ඤාණයයි එකතු වුනාට ඒ සංකල්ප රාගය හැදෙන්නේ නැත්නම් ඒකට කියනවා ඵස්ස නිරෝධය කියලා. කාම අරමුණක් බිහි කරන්ට ඒ ස්පර්ශයට බෑ.

ඉන්ද්‍රිය සංවරය තියෙන්නේ ඒකටයි....

දැන් ඔන්න අපි ඇහෙන් ලස්සන රූපයක් දකිනවා. එතකොට ඇහැයි රූපයයි විඤ්ඤාණයයි එකතු වෙලා අපේ හිතේ ඇතිවෙනවා සංකල්ප රාගයක්. මේක අපේ හිතේ ස්වභාවයෙන් ම පුරුද්දක් හැටියට තියෙන නිසා අපට ඒක හොයාගන්න බෑ. ඇහැයි රූපයයි විඤ්ඤාණයයි එකතු වෙච්ච ගමන් ඒක සම්බන්ධ වෙන්නේ අර හිතේ

තියෙන සංකල්ප රාගයටයි. මායාවට තමයි සම්බන්ධ වෙන්නේ. සම්බන්ධ වුනාට පස්සේ ඒ ස්පර්ශයට පුළුවන් කාමය උපද්දවන්න. ඒකයි බුදුරජාණන් වහන්සේ අපට මේ ඇස, කන, නාසය, දිව, කය, මනස සංවර කරගෙන වාසය කරන්න කියන්නේ.

මං ඔබට මුලින්ම කිව්වා අර වැඩිපුර කාලා අපවත් වෙච්ච භික්ෂුව ගැන කතන්දරේ. රසය පස්සේ යන්නේ නැතුව දිව සංවර කරගත්තා නම් ඒ භික්ෂුව ජයගන්නේ නැද්ද? ජය ගන්නවා. යම්කිසි විදිහකින් ඇහෙන් රූපයක් දැකලා ඇහැයි රූපයයි විඤ්ඤාණයයි එකතු වුණාට පස්සේ කාමය උපදින්නේ නැත්නම්, කාමය උපද්දවන ස්පර්ශය එතන නෑ. කාමය උපදින ස්පර්ශය නැතිවීම තුළ කාමය නිරුද්ධ වෙනවා. ඇහේ ස්පර්ශයෙන් කාමය හටගන්නේ නැත්නම්, කනේ ස්පර්ශයෙන් කාමය හටගන්නේ නැත්නම්, නාසයේ ස්පර්ශයෙන් කාමය හටගන්නේ නැත්නම්, දිවේ ස්පර්ශයෙන් කාමය හටගන්නේ නැත්නම්, කයේ ස්පර්ශයෙන් කාමය හටගන්නේ නැත්නම් ඒකට කියනවා ඵස්සනිරෝධය කියලා. **(ඵස්සනිරෝධෝ භික්ඛවේ කාමනිරෝධෝ)** "මහණෙනි, කාමනිරෝධය කියන්නේ ස්පර්ශනිරෝධයට යි."

කාමය නිරුද්ධවන වැඩපිළිවෙළ....

කෙනෙකුට හිතෙන්න පුළුවන් ස්පර්ශ නිරෝධය කියන්නේ මේ ඇහැ නැතිවීම, රූපය නැතිවීම, විඤ්ඤාණය නැතිවීම කියලා. ඒක වැරදියි. ස්පර්ශය තුළින් කාමය උපදවන ස්වභාවය නැතිවීමයි ස්පර්ශනිරෝධය කියන්නේ. ඇහේ ස්පර්ශය නිරුද්ධ වුණාම මොනතරම් ලස්සන රූප දැක්කත් එයා ඒ රූපවලට ප්‍රතික්‍රියා දක්වන්ට

යන්නේ නෑ. කනේ ස්පර්ශය නිරුද්ධ වුණාම මිහිරි ශබ්ද කොච්චර ඇහුවත් එයා ඒකට ප්‍රතික්‍රියා දක්වන්ට යන්නේ නෑ. සංකල්ප රාගය තිබුණොත්නේ මේක වෙන්නේ.

ඊළඟට නාසයේ ස්පර්ශය නිරුද්ධ වුණාම නාසයට මොනතරම් සුවඳ දැනුනත් එයා ඒකට ප්‍රතික්‍රියා දක්වන්ට යන්නේ නෑ. දිවේ ස්පර්ශය නිරුද්ධ වුණාම මොනතරම් ප්‍රණීත රස දේවල් ලැබුණත් ඒකට ප්‍රතික්‍රියා දක්වන්ට යන්නේ නෑ. කයේ ස්පර්ශය නිරුද්ධ වුණාම මොනතරම් මෘදු මොළොක් පහසක් ලැබුණත්, රළු පහසක් ලැබුණත් ඒකට ප්‍රතික්‍රියා දක්වන්ට යන්නේ නෑ. ඒකට කියනවා ස්පර්ශ නිරෝධය කියලා. මේ කාමය නැතිවීමේ වැඩපිළිවෙළක් තියෙනවා. ඒ වැඩපිළිවෙළට කියන්නේ ආර්ය අෂ්ටාංගික මාර්ගය කියලයි. සම්මා දිට්ඨි, සම්මා සංකප්ප, සම්මා වාචා, සම්මා කම්මන්ත, සම්මා ආජීව, සම්මා වායාම, සම්මා සති, සම්මා සමාධි කියන මේ අංග අටෙන් සමන්විත වැඩපිළිවෙළින් තමයි කාමය නිරුද්ධ වෙන්නේ.

මේ ලෝකයේ කිසිවෙකුට නැති අවබෝධයක්....

එහෙනම් පින්වත්නි, මේ කරුණුවලට අනුව බුදුරජාණන් වහන්සේ කාමයන් අවබෝධ කරපු කෙනෙක් ද නැද්ද? කාමය පටන් ගන්න තැන අවබෝධ කරපු කෙනෙක් ද නැද්ද? කාමයේ විවිධත්වය අවබෝධ කරපු කෙනෙක් ද නැද්ද? කාමයේ විපාක ලෝකය දිහා බලලා බුදු නුවණින් දැකපු කෙනෙක් ද නැද්ද? කාමය නිරෝධය සාක්ෂාත් කරපු කෙනෙක් ද නැද්ද? කාමය නිරුද්ධ වන්නා වූ මාර්ගය වඩපු කෙනෙක් ද නැද්ද? එහෙම නැති

කෙනෙකුට මේ කිසි දෙයක් හිතාගන්නවත් බෑ. අපි මේ ලෝකයේ එක එක පොත්පත් කියවලා තියෙනවනේ. මේ වගේ කාමය ගැන විස්තර කරපු තැනක් කොතනකවත් තියෙනවද? නෑ. දැන් ඔය සුද්දන්ටනේ මහා දැනුමක් තියෙනවා කියන්නේ. මේ වගේ දැනුමක් අහලකවත් නෑ. අන්ධකාර ගොඩේ, මැටිගොඩේ ලෝකය තියෙන්නේ.

බුදුරජාණන් වහන්සේ කාමය ගැන කරපු මේ විස්තරය කියවන්ට ලැබීම නිසා දැන් අපි දන්නවා භාග්‍යවතුන් වහන්සේ මෙන්න මෙහෙම ජීවිතය ගැන දැක්කා, මේ විදිහට උන්වහන්සේ අවබෝධ කළා, මේ විදිහට මේකෙන් නිදහස් වුනා කියලා. බුදුරජාණන් වහන්සේගේ අසිරිමත් බුදුනුවණේ කොටසක් මේ. මේ ලෝකයේ කිසි කෙනෙකුට මේ විදිහට කාමය විස්තර කරන්න බෑ. දැන් අපි ගත්තොත් පංචකාම අරමුණු තියෙනවානේ. ඇහැට තියෙන කාම අරමුණ තමයි ප්‍රියමනාප රූපය. ස්වාමියෙකුට තමන්ගේ බිරිඳ ප්‍රියමනාප රූපයක් නම් ඒ ස්වාමියාගේ කාම අරමුණක් බිරිඳ. තාත්තාට ප්‍රියමනාප නම් දරුවෝ, තාත්තාගේ කාම අරමුණක් දරුවෝ. ගෙදර තියෙන ගහකොළ වතුපිටි තමන්ට ප්‍රියමනාප නම්, ඒ ඔක්කොම කාම අරමුණු.

දියෙන් ගොඩට ගත් මාළුවෙකු සේ....

ඊළඟට තමන්ට ප්‍රියමනාප සංගීතයක් හරි නැත්නම් ප්‍රියමනාප හඬක් ඇද්ද, ඒක කාම අරමුණක්. තමන්ට ප්‍රියමනාප සුවඳක් ඇද්ද, ඒක කාම අරමුණක්. කාම අරමුණක් කියලා කිව්වාම ඒක මතක තියාගන්ට ලේසියි. තමන්ට ප්‍රියමනාප රසය කාම අරමුණක්. තමන්ට ප්‍රියමනාප පහස කාම අරමුණක්. ඒ කාම අරමුණු

පෝෂණය කරන කාමයක් මේ හිතේ තියෙනවා. ඒකට කියන්නේ සංකල්ප රාගය කියලා. **(සංකප්පරාගෝ පුරිසස්ස කාමෝ, න තේ කාමා යානි චිත්‍රානි ලෝකේ)** මේ ලෝකයේ තියෙන විචිත්‍ර වූ දේවල් කාමය නෙමෙයි. **(තිට්ඨන්ති චිත්‍රානි තථේව ලෝකේ)** ඒවා ඒ විදිහට ම තියෙනවා. ඒවා දඟලන්නේ නෑ. දැඟලිල්ල තියෙන්නේ බාහිර නොවෙයි. තමන් තුළයි.

ඒ කාමයේ ස්වභාවය ගැන ධම්ම පදයේ ලස්සන ගාථාවක් තියෙනවා. **(වාරිජෝව ථලේ ඛිත්තෝ)** වාරි කියන්නේ වතුර. වාරිජ කියන්නේ වතුරෙහි උපන්න. වාරිජෝ කියන්නේ මාළුවා. ථලේ කිව්වේ ගොඩබිම. ජලයෙන් ගොඩට දැමූ මාළුවෙක් සෙයින් **(ඕකමෝකත උබ්භතෝ)** එහාට මෙහාට දඟලයි. **(පරිඵන්දතිදං චිත්තං)** ඒ වගේ මේ සිතත් සැලි සැලී තියෙන්නේ. **(මාරධෙය්‍යං පහාතවේ)** ඒ නිසා මාරයා කරා යන මඟ අත්හළ යුතුයි. එබඳු හිතේ ස්වභාවයට සංකල්ප රාගය හොඳට ගැලපිලා යනවා. පැය ගණන් කාමය මව මව හිතින් විඳ විඳ ඉඳියි. මඩේ බැහැලා බැහැලා පුරුදු වෙච්ච සතා ආයෙ ආයෙමත් මඩට ම දුවනවා වගේ මේ හිත ඒකට සෑහෙන්න පුරුදු වෙලා තියෙන්නේ. ඇබ්බැහි වෙලා තියෙන්නේ.

ප්‍රඥාව කියන්නේ අමාරුවෙන් ඇතිකරගත යුතු එකක්....

ඊළඟට බුදුරජාණන් වහන්සේ වදාළා කාමය හටගන්නේ ස්පර්ශයෙන් කියලා. ඇහේ ස්පර්ශයෙන් කාමය හටගන්නවා. කනේ ස්පර්ශයෙන් කාමය හටගන්නවා. නාසයේ ස්පර්ශයෙන් කාමය හටගන්නවා. දිවේ ස්පර්ශයෙන් කාමය හටගන්නවා. කයේ ස්පර්ශයෙන්

කාමය හටගන්නවා. බුදුරජාණන් වහන්සේ මේ දේශනාව ආරම්භයේදී ම වදාළා මේ කියන කාරණා හොඳට අහගන්න. ඊට පස්සේ **සාධුකං මනසිකරෝථ** හොඳට මෙනෙහි කරන්ට කිව්වා. අහලා ඉවර වෙලා ඔහේ හිටියොත් ජීවිතේට කිසි වෙනසක් වෙන්නේ නෑ. ඒක මෙනෙහි කරලා තේරුම් ගන්ට ම ඕන. එතකොට තමයි ටික ටික එයා තුළ ප්‍රඥාව ඇතිවෙන්නේ.

ප්‍රඥාව කියන එක අමාරුවෙන් හරි හිතේ ඇති කරගන්ට මහන්සි ගත යුතු එකක්. මොකද හේතුව, ප්‍රඥාව නෙමෙයි ලේසියෙන් හිතේ හටගන්නේ. මුළාව යි. ඒකට අපි උනන්දු කරන්ට දෙයක් නෑ. ඒකට ඇබ්බැහි වෙලා, පුරුදු වෙලා තියෙන්නේ. ළාමක බව ලේසියෙන් හටගන්නවා. හැබැයි නුවණින් විමසීම අමාරුවෙන් උපද්දවන්න ඕන. වීරයෙක් වෙන්ට ආසා කෙනා කැමති අර ළාමක එකට ද? වීරත්වයේ සංකේතය වන ප්‍රඥාවට ද? ප්‍රඥාව තමයි වීරත්වයේ සංකේතය. වීර බවේ සංකේතය ගොරහැඩිකම නෙමෙයි, ප්‍රඥාව ම යි. ඒ ප්‍රඥාවෙන් තමයි එයා ජීවිතය ගැන කල්පනා කරන්නේ. මේ දේශනාව අහනකොට ඉස්සෙල්ලාම පහදින්න ඕන ශාස්තෘන් වහන්සේ ගැනයි. 'අනේ බුදුරජාණන් වහන්සේ මේක මේ විදිහට දැක්කා නොවැ' කියලා.

මේ මිනිස් ජීවිතය පිනක විපාකයක්....

ඊළඟට උන්වහන්සේ වදාළා කාමයේ විවිධත්වයක් තියෙනවා. මොකක්ද කාමයේ තියෙන විවිධත්වය? ඇසින් දකින කාම අරමුණු වෙනින් එකක්. කනින් අසන කාම අරමුණු වෙනින් එකක්. නාසයෙන් දැනගන්නා කාම අරමුණු වෙනින් එකක්. ඊළඟට දිවෙන් දැනගන්නා කාම

අරමුණු වෙනින් එකක්. කයින් දැනගන්නා කාම අරමුණු වෙනින් එකක්. ඊට පස්සේ බුදුරජාණන් වහන්සේ වදාළා කාමයන්ගේ විපාක. කාමයන්ගේ විපාක තමයි කාමයන් නිසා පව් කරපු අය නිරයේ උපදිනවා, තිරිසන් අපායේ උපදිනවා, ප්‍රේත ලෝකේ උපදෙනවා. අසුර ලෝකේ උපදිනවා. කාමයන් මුල්කරගෙන පින් කරපු අය දෙවියන් අතරේ උපදිනවා. ඒ කාමයන්ගේ විපාක. දැන් අපිත් මේ මනුස්සයන් අතර ඉපදිලා තියෙන්නේ කාමයන් මුල් කරගෙන අපේ අතින් යම් කිසි පිනක් කෙරිලා තිබුණු නිසයි. ඒ පිනේ විපාක හැටියට තමයි දැන් අපි මේ මනුස්ස ලෝකේ මේ මිනිස්සු හැටියට ඉන්නේ.

නුවණින් විනිවිද දකිනා බඹසර....

ඊළඟට බුදුරජාණන් වහන්සේ වදාළා කාමය නැති වීම ගැන. කාමය නැති වෙන්නේ කාමය උපද්දවන ස්පර්ශය නැතිවීමෙන්. කාමය නැති වෙන ක්‍රමය මොකක්ද? ආර්ය අෂ්ටාංගික මාර්ගයයි. ඊළඟට බුදුරජාණන් වහන්සේ වදාළා "මහණෙනි, යම් දවසක ආර්ය ශ්‍රාවකයා ඔය ආකාරයට කාමයන් දන්නවා නම්, කාමය පටන් ගන්නේ මෙහෙමයි කියලා කාමය පටන් ගන්න විදිහ දන්නවා නම්, කාමයන්ගේ වෙනස්කම් මේවාය කියලා කාමයන්ගේ වෙනස්කනුත් දන්නවා නම්, කාමයන්ගේ විපාක මේවා ය කියල කාමයන්ගේ විපාකත් දන්නවා නම්, කාමයන් නිරුද්ධ වෙන්නේ මෙහෙමයි කියලා කාමයන්ගේ නිරෝධය දන්නවා නම්, කාමයන් නිරුද්ධ වීම පිණිස ඇති ප්‍රතිපදාව මේකයි කියලා ප්‍රතිපදාවත් දන්නවා නම් (**සෝ ඉමං නිබ්බේධිකං බ්‍රහ්මචරියං පජානාති කාමනිරෝධං**) ඒ කෙනා නුවණින්

විනිවිද දකිනා, කාම නිරෝධය පිණිස ඇති බඹසර දනියි" කියනවා. බලන්න ලස්සන මේ වචනවල.

"මහණෙනි, කාමය දැනගන්ට ඕනෑ, කාමය හටගන්නා ආකාරය දැනගන්ට ඕනෑ, කාමයේ වෙනස්කම් දැනගන්ට ඕනෑ, කාමයේ විපාක දැනගන්ට ඕනෑ, කාමයේ නිරුද්ධ වීම දැනගන්ට ඕනෑ, කාමය නිරුද්ධ වන්නා වූ මාර්ගයත් දැනගන්ට ඕනෑ කියලා මං කිව්වේ ඕකට තමයි" කිව්වා.

විඳීම් තුනක් තියෙනවා....

ඊළඟට බුදුරජාණන් වහන්සේ වදාළා මේ හය ආකාරයට ම වේදනාව ගැනත් දැනගන්ට ඕනෙ කියලා. කොහොමද ඒ? විඳීම දැන ගත යුතුයි. විඳීම පටන් ගන්න තැන දැන ගත යුතුයි. විඳීමේ වෙනස්කම් දැනගත යුතුයි. විඳීමේ විපාක දැනගත යුතුයි. විඳීමේ නිරුද්ධ වීම දැනගත යුතුයි. විඳීම නිරුද්ධ වන්නා වූ මාර්ගය දැනගත යුතුයි. බුදුරජාණන් වහන්සේ මේකේ පෙන්නා දෙනවා (**තිස්සෝ ඉමා භික්ඛවේ වේදනා**) "මහණෙනි විඳීම් තුනකි. ඒ තමයි සැප විඳීමත් දුක් විඳීමත් දුක්සැප රහිත විඳීමත්."

කාමය වගේම අපව මුළා කරපු ඊළඟ එක තමයි ඒ. සාමාන්‍යයෙන් අපි ගත්තොත් දෙතිස් කුණුපයෙන් යුතු අපේ මේ රූපය. මේ රූපයේ තියෙනවානෙ කෙස්. අපට පුළුවන් මයික්‍රොස්කෝප් එකක මේ කෙස් කැල්ලක් දාලා ලොකු කරකර බලන්න. බලලා මේක පඨවි ධාතුව, මේක ආපෝ ධාතුව කියලා මේ සංඝටකවලට බෙදන්නත් පුළුවන්. ඊළඟට ලොම්, නියපොතු, දත්, සම මේ ඕනම ශරීර කොටසක් අරගෙන ඒ විදිහට බලන්න පුළුවන්.

දැනෙන දෙයක් තමයි විඳින්නේ....

ඔබ දැකලා තියෙනවාද මැරිච්ච මිනිස්සු? මැරිච්ච මිනිස්සු ඒ ශරීර කොටස් අරගෙන ගියා ද, දාලා ගියා ද? දාලා ගියා. ශරීරයේ කොටස් ටික අරගෙන ගියේ නෑ. මේ විඳීම් කියන්නේ දැනෙන දෙයක්. අපි දැනෙන දෙයක් තමයි විඳින්නේ. දැනෙන්නේ නැත්නම් විඳින්න බෑ. දැන් අපි හිතමු අපිට හොඳටම නින්ද ගියා. ඒ වෙලාවේ අපි ඉන්නේ නොදැනෙන අවස්ථාවක. අපි දන්නේ නෑ අපිට මොකක්ද වුනේ කියලා. අපි දැනෙන අවස්ථාවක ඉන්නවා නම් ඒ දැනීම කියන එක අපි විඳිනවා. අපට දැනෙනවා සැප. එතකොට සැප කියන එක විඳිනවා. අපිට දැනෙනවා දුක. එතකොට දුක කියන එක විඳිනවා. සැපයි දුකයි අපට ගොඩක් සංවේදීයි. හැබැයි අපට තව එකක් දැනෙනවා. සැපත් නැති දුකත් නැති බවක්. ඒකත් අපි විඳිනවා. හැබැයි ඒක අපිට සංවේදී නෑ.

අපේ කයට දැනෙනවා සැප. එතකොට විඳින්නේ කායික සැප. කයට දැනෙනවා දුක. එතකොට විඳින්නේ කායික දුක. සිතට දැනෙනවා සැප. එතකොට විඳින්නේ මානසික සැප (සොම්නස). සිතට දැනෙනවා දුක. එතකොට විඳින්නේ මානසික දුක (දොම්නස). සිතට දැනෙනවා උපේක්ෂාව. එතකොට විඳින්නේ උපේක්ෂාව. දැන් මෙහෙම තමන්ට වෙනවාද කියලා හොඳට කල්පනා කරලා බලන්න ඕන. තමන්ට සැප දැනෙනවාද? දැනෙනවා. දුක දැනෙනවාද? දැනෙනවා. උපේක්ෂාව දැනෙනවාද? දැනෙනවා. සැප දුක කියන දෙක ප්‍රකට නැති වෙලාවට තියෙන්නේ උපේක්ෂාව. බුදුරජාණන් වහන්සේ වදාළා මේක මේ විදිහට දැනගන්ට කියලා.

මේ ඔක්කොම එකට තියෙන්නේ....

ඊළඟට දැනගන්න කිව්වා මේ විඳීම පටන් ගන්න තැන. කාමය පටන් ගන්න තැන මොකක්ද? ස්පර්ශය යි. විඳීම පටන් ගන්නෙත් එතනින් ම යි. විඳීම පටන් ගන්නෙත් ස්පර්ශයෙන්. ඇහෙන් රූපයක් දැක්ක ගමන් අපිට දැනීමක් ඇතිවෙනවා. ඒ දැනීම තමයි විඳින්නේ. කනෙන් ශබ්දයක් ඇහුවාම දැනීමක් හටගන්නවා. ඒ දැනීම තමයි විඳින්නේ. නාසයට ගන්ධයක් දැනෙනකොට දැනීමක් හටගන්නවා. ඒ දැනීම තමයි විඳින්නේ. දිවට රසයක් දැනෙනකොට දැනීමක් හටගන්නවා. ඒ දැනීම තමයි විඳින්නේ. කයට පහසක් දැනෙනකොට දැනීමක් හටගන්නවා. ඒ දැනීම තමයි විඳින්නේ.

අපි ඒක සරලව මෙහෙම තේරුම් ගමු. ඔන්න අපි ඇහෙන් රූපයක් දකිනවා. එතකොට එතන ඇහැක් තියෙනවා. ඇහැ ඉදිරියට රූපෙත් ඇවිත් තියෙනවා. මනසිකාරය තියෙන වෙලාවක නම් ඇහේ විඤ්ඤාණය හටගන්නවා. ඇහේ විඤ්ඤාණය හටගත්ත ගමන් ඇහැයි රූපයයි විඤ්ඤාණයයි එකතු වෙනවා. ඒ එකතුවීමට තමයි ස්පර්ශය කියන්නේ. ස්පර්ශය ඇති වෙච්ච ගමන් අන්න කාමය උපද්දවනවා. සංකල්ප රාගය උපද්දවනවා. ඒ වගේම උපද්දවනවා විඳීම. මේවායෙන් පැනලා යන්ට බෑ අපිට.

හම ගහපු ගවදෙනක් වගේ....

මේ ස්පර්ශය ගැන එක්තරා උපමාවක් බුදුරජාණන් වහන්සේ වදාළා. ඒ උපමාව තමයි හම ගහපු ගවදෙන. ගවදෙනක් හමගහලා අතඅරිනවා. හම ගැහුවාම ඒ ගව

දෙනට හරි අමාරුයි. අපි ඔක්කොම සතුන්ට ගොදුරු නොවී ඉන්නේ මේ ශරීරය හමින් වැහිලා තියෙන නිසානේ. හම ගහපු ගමන් ඒ සතාගේ ශරීරය විවෘතයි. දැන් ගවදෙන දුවගෙන යනවා වතුරට. එතකොට අර වතුරේ ඉන්න සත්තු ඔක්කෝම ඇවිල්ලා කොටන්ට ගන්නවා. ගවදෙන දුවගෙන ගිහිල්ලා ගහකට හේත්තු වෙනවා. එතකොට ගහේ ඉන්න සත්තු ඇවිල්ලා කන්ට ගන්නවා. එළිමහනේ ඉන්නවා. ඒත් බේරෙන්ට පුළුවන්කමක් නෑ. ස්පර්ශය මෙසේ දකින්ට කිව්වා.

ස්පර්ශයෙන් අපට ගැලවෙන්ට බෑ. 'අනේ මට පීඩාවයි... මට අරක වෙනවා... මේක වෙනවා... අනේ මගේ ඇඟ රිදෙනවා... අනේ මගේ හිත අවුල්...' කියලා ස්පර්ශය ප්‍රත්‍යයෙන් හටගත්ත දේවල් ගැනයි ඒ කියවන්නේ. කාල වේලාව මදි නිසා ඉතුරු ටික අපි හවස් වරුවේ ඉගෙන ගනිමු. ඉතින් අප සියලු දෙනාටත් මේ ධර්මය හොඳින් ඉගෙනගෙන, මනාකොට නුවණින් විමසා බලන්ට වාසනාව ලැබේවා..!

සාදු! සාදු!! සාදු!!!

෴ ෴ ෴

නමෝ තස්ස භගවතෝ අරහතෝ සම්මාසම්බුද්ධස්ස
ඒ භාග්‍යවත් අර්හත් සම්මා සම්බුදුරජාණන් වහන්සේට නමස්කාර වේවා!

02.
සවස් වරුවේ
ධර්ම දේශනය

සැදැහැවත් පින්වත්නි,

අපි අද උදේ ඉඳලා අසමින් සිටින මේ දේශනාවේ නම නිබ්බේධික සූත්‍රය. මං ඔබට අද උදේ දේශනාවෙදි කිව්වා අපට මේ සංසාර ගමනේ මහා කරුවලක් තියෙනවා කියලා. ඒ කරුවලට කියන්නේ අවිද්‍යාව කියලා. මේ කරුවල සිඳබිඳගෙන හැබෑ ස්වභාවය දකින්ට අපි සමර්ථ වුනොත් එදාට අපට අපේ ප්‍රඥාව නමැති ආලෝකයෙන් ඇත්ත පෙනේවි. ඊළඟට මං කිව්වා මේ සංසාරේ යන කෙනෙක්ට තියෙන තවත් බරපතල ම ප්‍රශ්නයක් තමයි පුරුද්දට වැටෙන එක. පෙර ආත්මේ පුරුද්දක් මේ ආත්මේ තියෙනවා කියලා බැලූ බැල්මට තමන්ට හොයාගන්ට බෑ. බුදුරජාණන් වහන්සේ තමයි ඒ ගැන පෙන්නා දුන්නේ.

මං මේ පුරුදු ගැන තේරුම් ගන්න තමයි ඔබට අර ගිරා පැටියගේ කතාව කිව්වේ. ඊළඟට කිව්වා අර ගෑණු එක්කෙනාගේ කතාව. කලින් ආත්මේ දීපු කසාය

ම යි මේ ආත්මෙත් දුන්නේ. ඒ ඔක්කොම මොනවද? පුරුදු. ඒ වගේ පුරුදු අපට මොනතරම් ඇද්ද...! අපට නොතේරී පුරුදු ගොඩක් අපි අනුගමනය කරනවා කියලා බැලූ බැල්මට හොයන්ට බෑ. ඇයි හේතුව සියලු දෙනාම ඒකනේ කරන්නේ. එක්කෙනෙක් විතරක් නෙමෙයි. සියලු සත්තුත් කරන්නේ ඒක. සියලු මිනිස්සුත් කරන්නේ ඒක. භූත ප්‍රේත ආදියත් කරන්නේ ඒක ම යි. ඒ නිසා මේක වෙනසක් හැටියට කාටවත් දකින්ට බෑ. එබඳු රටාවක් මැද්දේ තමයි අපි මේ ධර්මය අහන්නේ. ඒ සාංසාරික වශයෙන් තියෙන සියලු පුරුදු සිඳබිඳගෙන, ප්‍රඥාව උපදවාගෙන, ප්‍රඥාව නමැති ආලෝකයෙන් තමන්ගේ කරුවල විතරක් නෙමෙයි, සියලු පිනැතියන්ගේ කරුවල නසාගෙන පහල වෙච්ච ධර්මයක් තමයි මේ බුදුරජාණන් වහන්සේ වදාළ ධර්මය.

මෙනෙහි කරන්ට නම් මතක තියෙන්ට ඕන....

බුදුරජාණන් වහන්සේ මේ දේශනාවෙදි ඉස්සෙල්លාම වදාළේ මොකක්ද? (**තං සුණාථ**) එය අසන්න. හැම දේශනාවක ම වගේ ආරම්භයේ ඒක තියෙනවා. ඊළඟට කිව්වා (**සාධුකං මනසිකරෝථ**) අහපු දේ හොඳින් මෙනෙහි කරන්ට. මෙනෙහි කරන්ට නම් ඇහිලා තියෙන්ට එපායෑ. ඇහිලා නැත්නම් මෙනෙහි කරන්ට බෑනේ. ඒ ඇහිච්ච දේ මතක හිටින්ට එපැයි මෙනෙහි කරන්ට නම්. ඒකට වීරියක් උපද්දවන්ට ඕන. නැත්නම් අපි නිදිමතෙන් හිටියොත් නිකම් තෝන්තුවෙන් වගේ තමයි මේක ඇහෙන්නේ. එතකොට මතක හිටින්නේ නෑ.

ඉතින් මේ නිබ්බේධික පරියාය කියන සූත්‍රයේදී

කරුණු කීයක් උන්වහන්සේ මාතෘකා කළාද? කරුණු හයක්. ඒ කරුණු හයෙන් පළවෙනි කාරණය ගැන, කාමය ගැන අපි විස්තර වශයෙන් ඉගෙන ගත්තා. ඒකෙදි බුදුරජාණන් වහන්සේ වදාළා කාමය කියන්නේ මොකක්ද කියලා දැනගත යුතුයි කිව්වා. කාමය උපදින්නේ කොහොමද කියලා දැනගත යුතුයි කිව්වා. කාමයේ වෙනස්කම් දැනගත යුතුයි කිව්වා. කාමයේ විපාක දැනගත යුතුයි කිව්වා. කාමය නැතිවෙන්නේ කොහොමද කියල දැනගත යුතුයි කිව්වා. කාමය නැතිවන මාර්ගය දැනගත යුතුයි කිව්වා. යම්කිසි කෙනෙකුට මේ ආකාරයේ ඥාණයක් තිබුණොත් එයා (**නිබ්බේධිකං බ්‍රහ්මචරියං පජානාති කාමනිරෝධං**) කාමය නිරුද්ධ වන්නා වූ, තියුණු නුවණින් යුතු බඹසර දන්නවා කිව්වා.

සය වැදෑරුම් ස්පර්ශය....

ඊට පස්සේ බුදුරජාණන් වහන්සේ දේශනා කළේ වේදනාව ගැන. වේදනා තුනක් තියෙනවා කියලා අපි ඉගෙන ගත්තා. අපට සැපය දැනුනොත් ඒ දැනිච්ච සැපය අපි විඳිනවා. අපිට දුකක් නම් දැනෙන්නේ දැනෙන දුක විඳිනවා. දුකයි සැපයි දෙකම නැති අවස්ථාවක් නම් අපිට දැනුනේ අපි ඒ උපේක්ෂාව විඳිනවා. ඒ ආකාරයට විඳින දේ හටගන්නේ ස්පර්ශයෙන් ය කියලා බුදුරජාණන් වහන්සේ අපට වදාළා. ඒ ස්පර්ශය සය වැදෑරුම්. ඇහේ ස්පර්ශයෙන් විඳීම හටගන්නවා. කනේ ස්පර්ශයෙන් විඳීම හටගන්නවා. නාසයේ ස්පර්ශයෙන් විඳීම හටගන්නවා. දිවේ ස්පර්ශයෙන් විඳීම හටගන්නවා. කයේ ස්පර්ශයෙන් විඳීම හටගන්නවා. මනසේ ස්පර්ශයෙන් විඳීම හටගන්නවා.

මේ දේශනාවල් ඇහුවට පස්සේ අපි අපේ තියෙන

සාංසාරික පුරුදු කඩාගෙන මේ ධර්මය අල්ලගන්ට දක්ෂ වෙන්ට ඕනෙ. දැන් අපි කියමු කෙනෙක් ඉන්නවා මම... මට... මගේ... කිය කිය, අනේ මට අමාරුයි... මට රිදෙනවා... මට බැරියෝ... කිය කියා ඉන්නවා කියලා. එයාට මේක අල්ලන්ට බෑ. ඇයි ඒකනේ පුරුද්ද. එහෙනම් ඒ පුරුද්ද පැත්තකින් තියන්ට ඕන. පුරුද්ද පැත්තකින් තියලා තමයි මේක අහන්ට ඕන. දැන් මේ දේශනාවේ උගන්නනවානේ ස්පර්ශයෙනුයි විඳීම හටගන්නේ කියලා. එතකොට එයා තමන්ට දුකක් එද්දී තේරුම් ගන්නවා 'එහෙනම් මේ දුක ස්පර්ශයෙන් හටගත්තු විඳීමක්' කියලා. ඊට පස්සේ එයා බලන්ට ඕන මේ දුක කායික දුකක් ද, නැත්නම් මානසික දුකක් ද? කියලා. අපි කියමු ඔන්න කොන්ද රිදෙනවා. එක්කෝ ඔළුව කැක්කුමයි. එතකොට 'දැන් මට තියෙන්නේ කායික දුකක්. මේ කායික දුක හටඅරගෙන තියෙන්නේ කයේ ස්පර්ශයෙන් කියලා තේරුම් ගන්නවා.

අඳුරෙන් එළියට....

එහෙමත් නැත්නම් කවුරුහරි කෙනෙක් මොනවාහරි කියපු එකකට එයාගේ හිතට වේදනාවක් ආවා. ඒක මනසේ ස්පර්ශයෙන් හටගත්ත දුකක්. මේ විදිහට කල්පනා කළොත් නම් පුරුද්ද කැඩිලා යයි. සාමාන්‍යයෙන් පුරුද්ද තියෙන්නේ 'මට බැන්නා... මට ගැහුවා... මට අසවල් දේ කිව්වා... කියලා හිතෙන් ලතෝනි දෙනවනේ. එහෙම නැතුව මේ මනසේ ස්පර්ශයෙන් හටගත්තු දුකක් නොවැ කියලා එයා මෙනෙහි කරනවා. ඒක භාග්‍යවතුන් වහන්සේ වදාළ කාරණයක්. අනේ මගේ කොන්ද රිදෙනවෝ කිය කිය හිටියොත් ඒක භාග්‍යවතුන් වහන්සේ වදාළ කාරණයක් නෙවෙයි. ඒක පුරුද්ද. එයා

හිතනවා 'මේ කායික වේදනාවක්. කයේ ස්පර්ශයෙන් හටගත්තු දුක් වේදනාවක් මං දැන් මේ විඳින්නේ' කියලා. අන්න ඒ විදිහට තේරුම් ගන්ට දක්ෂ වෙච්ච එක්කෙනා නම් අර කරුවල මැද්දෙන් එළියක් දකියි.

ආමිස සැපය සහ නිරාමිස සැපය....

ඊළඟට බුදුරජාණන් වහන්සේ වදාළා විඳීමේ වෙනස්කම් ගැන. **(අත්ථි භික්ඛවේ සාමිසා සුඛා වේදනා)** ආමිසයෙන් යුක්ත වූ සැප විඳීමක් ඇත්තේය. ආමිස කියන්නේ කාමයට. **(අත්ථි නිරාමිසා සුඛා වේදනා)** ආමිස රහිත සැප විඳීමකුත් ඇත්තේය. මේ කාරණය තේරුම් ගන්ට මං ඔබට පොඩි උදාහරණයක් කියන්නම්. ඔන්න අපි රුවන්වැලි සෑය වඳින්ට ගියා. මල් අරගෙන ගිහිල්ලා මල් ආසනය උඩ ලස්සනට මල් ටික තිබ්බා. එතකොට එකපාරට හිතට සතුටක් හටගන්නවා. එතකොට ඒක ආමිස සැපයක්. ඇයි ඒ සැපයට මුල් වුනේ ඇහැට පේන ලස්සන රූපය. ඒක අයිති ප්‍රතිපත්ති පූජාවට ද ආමිස පූජාවට ද? ආමිස පූජාවට. එතකොට ආමිසයෙන් යුක්ත වූ සැපයක් තමයි එයා විඳින්නේ.

ඊළඟට එයා එතනම චෛත්‍ය මළුවේ වාඩිවෙලා දෑස පියාගෙන භාග්‍යවතුන් වහන්සේ ගැන මෙනෙහි කරනවා. 'අනේ බුදුරජාණන් වහන්සේගේ ධාතූන් වහන්සේලානේ මෙතන වැඩ ඉන්නේ. ඒ බුදුරජාණන් වහන්සේ මේ මේ ගුණයන්ගෙන් යුක්තයිනේ' කිය කිය මෙනෙහි කරනවා. එහෙම මෙනෙහි කරනකොට ඔන්න හිතට සතුටක් ඇති වෙනවා. ඒ සතුට ඇති වුනේ පූජා කරපු මල දිහා බලලා නෙවෙයි, බුදුරජාණන් වහන්සේගේ ගුණ මෙනෙහි කරලයි. ඒකේ ආමිසය නෑ. ඒක නිරාමිස සැපයක්.

ආමිස දුක සහ නිරාමිස දුක....

ඊළඟට **(අත්ථි සාමිසා දුක්ඛා වේදනා)** ආමිසය සහිත දුක් විඳීමක් තියෙනවා. **(අත්ථි නිරාමිසා දුක්ඛා වේදනා)** නිරාමිස දුක් විඳීමකුත් තියෙනවා. ඔන්න කෙනෙක් රස්සාවක් කරන්ට යනවා. අපි හිතමු එයාට පඩි හම්බ වෙන්නේ සතියකට පස්සේ කියලා. ඉතින් ඒ සතියේ ම එයා උදේ පාන්දර ඇහැරිලා, බත් මුලක් බැඳගෙන, ගෙදරින් පිටත් වෙලා ගිහිල්ලා මුළු දවස ම අව්ව වැස්ස නොබලා වැඩ කරන්න ඕනෙ. මං දැකලා තියෙනවා සමහර අම්මලා ඔළුවේ ලේන්සු ඔතාගෙන හතරහමාර වෙනකොට පාරේ හිටගෙන ඉන්නවා බස් එක එනකම්. මේ සැපක් ද විඳින්නේ? ඒක තමයි සාමිස දුක. ආමිසයක් පිණිස දුක් විඳිනවා.

නිරාමිස දුක කියන්නේ, ඔන්න අපි ගත්තොත් කෙනෙක් සිල් සමාදන් වෙනවා. සිල් සමාදන් වෙලා කල්පනා කරනවා 'අනේ මම කාමයන්ගෙන් වෙන්වූ, අකුසලයන්ගෙන් වෙන්වූ, විතර්ක විචාර සහිත, විවේකයෙන් හටගත් ප්‍රීති සුඛයකින් යුක්ත පළවෙනි ධ්‍යානය උපදවාගෙන වාසය කරන්ට ඕනෑ' කියලා. ඉතින් ඔන්න වාඩි වෙලා භාවනා අරමුණට හිත ගන්න යනවා. ඒත් ඇඟ රිදෙනවා, හිතත් විසිරෙනවා. හිත විසිරෙනකොට මෙයාට ඇති වෙන්නේ හා හරි ෂෝක් කියල ද, නැත්තං දුකක් ද ඇති වෙන්නේ? හිතට දුකක් ඇතිවෙනවා 'අනේ මම මේ උත්සාහ කරනවා, ඒත් මගේ හිත කාමයන්ගෙන් මිදෙන්නේ නෑනේ. අකුසලයන්ගෙ න් මිදෙන්නේ නෑනේ. කැරකි කැරකී අකුසලයට ම එනවානේ' කියලා. ඒක තමයි නිරාමිස දුක.

විඳීම්වල විවිධත්වය ඔය ආකාරයි....

ඊළඟට තව ඇති වෙනවා (**අත්ථි සාමිසා අදුක්ඛමසුඛා වේදනා**) ආමිසය සහිත උපේක්ෂා විඳීම් ඇතිවෙනවා. (**අත්ථි නිරාමිසා අදුක්ඛමසුඛා වේදනා**) නිරාමිස උපේක්ෂා විඳීම් ඇතිවෙනවා. දැන් ඔන්න කෙනෙක් පුටුවක් උඩ වාඩිවෙලා ඔහේ ඉන්නවා. ඒ වෙලාවට තියෙන්නේ සාමිස උපේක්ෂාව. නිරාමිස උපේක්ෂාව ඇති වෙනවා දහම් කරුණු සිහි කරනකොට. අපි ගමු දැන් කෙනෙකුට කරදර කම්කටොලු එද්දි එයා බුද්ධ දේශනා මෙනෙහි කර කර, මේවා ඔක්කොම අනිත්‍යයි දුකයි අනාත්මයි කියලා ත්‍රිලක්ෂණයට නගා, මේක තමයි ලෝක ස්වභාවය කියලා උපේක්ෂාවට පත් වෙනවා. ඒක නිරාමිස උපේක්ෂාව. මේ විදිහට විඳීම්වල විවිධ වෙනස්කම් මනුෂ්‍යයාට ඇතිවෙනවා.

කර්මානුරූප ආත්මභාව....

ඊළඟට බුදුරජාණන් වහන්සේ දේශනා කරනවා වේදනාවල විපාක. (**යං භික්ඛවේ වේදියමානෝ තජ්ජං තජ්ජං අත්තභාවං අභිනිබ්බත්තේති පුඤ්ඤභාගියං වා අපුඤ්ඤභාගියං වා**) "මහණෙනි, යම් විඳීමක් විඳිද්දී පිනේ විපාක වශයෙන් හෝ පවේ විපාක වශයෙන් හෝ ඒ ඒ ආත්මභාවය උපදවයි." ඒ කියන්නේ දැන් අපි ගත්තොත් පින් රැස් කරපු කෙනෙක් දෙවියන් අතර උපදිනවා. දැන් එයා විඳින්නේ දුකක් ද සැපක් ද? සැපක් විඳිනවා. ඒ සැප විඳින්නේ රැස් කළා වූ පින මුල් කරගෙන. තව කොටසක් ඉන්නවා ගොඩාක් දුක් විඳිනවා. ඒ දුක් වේදනාව ලැබෙන්ටත් කර්මානුරූප බලපෑමක් තියෙනවා.

සාමාන්‍යයෙන් මේ ලෝකයේ තියෙන ස්වභාවයක්

තමයි අන් අයට දුක් වේදනා දුන්නොත් ඒක ආපහු ලැබෙන්නේ තමාට ම යි. ඔබ කැමති ද අනුන්ගෙන් උපකාර ලබන්ට? අනුන්ගෙන් උපකාර ලබන්ට ආස නැත්නම් කාටවත් උපකාර නොකර ඉන්න. කාටවත් උපකාර නොකර ඉන්නකොට කාගෙන්වත් තමන්ට උපකාරයක් ලැබෙන්නෙත් නෑ. අපිට පුළුවන් ද එහෙම අන් අයගේ උපකාරයකින් තොරව ඉන්න? බෑ. දැන් ඔබ මේ ධර්ම ශාලාවේ පහසුවෙන් වාඩිවෙලා බණ අහනවා. මේ ධර්ම ශාලාව මේ විදිහට හදන්න බොහෝ දෙනෙකුගේ උපකාර ලැබිලා තියෙනවා. ස්වාමීන් වහන්සේලා පවා මේ වෙනුවෙන් මහන්සි වෙලා තියෙනවා. ඔන්න ඔබ මෙතන ඉන්දෙද්දී මම කිව්වා 'හා... දැන් විවේක කාලයයි' කියලා. එතකොට ඔබ මල්ලෙන් කෝප්පේ අරගෙන මෙහෙම අල්ලන් හිටියා. අහසින් වැක්කෙරුණද තේ? නෑ. ඒක අනුන්ගෙන් ලැබුණු උපකාරයක්.

උපකාර කරන්නා උපකාර ලබයි....

ඔන්න ඊට පස්සේ ඔබ බුද්ධ පූජාව ඉවර කරලා පිඟන් අරගෙන පෝලිමේ හිටියා. අර අනුරුද්ධ කුමාරයාට වගේ දෙවිවරු පහල කළාද බත් වෑංජං? නෑ. ලොකු පිරිසක් ඊයේ රෑ ඉඳන් නිදිමරාගෙන ගොඩාක් මහන්සි වෙලයි ඒ දානමාන හදලා තියෙන්නේ. ඒ ඔක්කොම උපකාර. ඒ සියලු දෙනාගේ ම උපකාරයෙන් තමයි මේ දහම් වැඩසටහන යන්නේ. අන් අයට උපකාර කරන්නාට අන්‍යයන්ගෙන් උපකාර ලැබෙයි. අනුන්ගේ විපතේදී අහක බලාගෙන යන්නාට අහක බැලීම ම ලැබෙයි. එයා අසරණ වුණු වෙලාවට එයා දිහා බලන්න කව්රුත් නෑ. අනුන්ගේ කරදරයේදී, අනුන්ගේ පීඩාව දකින කෙනාට තමන්ගේ පීඩාව වෙච්චි වෙලාවට දකින්න කව්රුහරි

ඉන්නවා. අනුන්ට උපකාරයක් කළොත් තමන්ට උපකාරයක් කරන්න කව්රුහරි ඉන්නවා.

අනුන්ට රිදෙව්වොත් තමන්ටත් රිදවන්න කව්රුහරි ඉන්නවා. අනුන්ට ගැරහුවොත් තමන්ටත් ගරහන්ට කව්රුහරි ලැබෙයි. අනුන්ට යහපත කළොත් තමන්ටත් යහපත කරන්ට පිළිවෙළක් යෙදෙයි. එහෙම තමයි මේ රටාව තියෙන්නේ. ඒ නිසා මේ රටාව තුළ 'හා... මට කාගෙවත් උදව් ඕන නෑ. මට තනියම පුළුවන්...' කියලා එහෙම කියාගෙන යන්ට පිළිවෙළක් නෑ. මේක එකිනෙකාගේ උදව්වෙන්, එකිනෙකාගේ උපකාරයෙන්, එකිනෙකාගේ සහයෝගයෙන් තමයි තියෙන්නේ.

පිහිටක් නැති සරණක් නැති සසර දනව්ව....

සමහරවිට මනුස්සයන්ටත් සත්තුන්ටත් කාගෙන්වත් කිසි පිහිටක් ලබාගන්ට බැරි අවස්ථාවල් එනවා. බුද්ධගයාවේ ගියපු අය දන්නවා ඇති ඒ ළඟම තියෙනවා නේරංජරා ගඟ. පසුගිය දවස්වල හොඳටම වැහැලා දෙගොඩ තලා ගඟ ගලලා. දැන් හෝ ගාලා වතුර එනවා. දැන් පාලමෙන් එහාට මෙහාට මිනිස්සුන්ට යන්ට බෑ. ගඟ අයිනේ තියෙන ලයිට් කණු ඔක්කොම කඩාගෙන වැටෙනවා දැන් ගඟට. ඉතින් ඔය වතුරපාරට අහුවෙච්ච මනුස්සයෙක් ලයිට් කණුවක එල්ලිලා. ඒ ලයිට් කණුව අතඇරෙයි කියන භයට ඒ මනුස්සයා කරේ දාගෙන හිටපු ලේන්සුවෙන් ලයිට් කණුවයි තමන්වයි ගැටගහගෙන.

දැන් වතුර මට්ටම ටික ටික වැඩිවෙලා පපුව ළඟට ම ආවා. අර මනුස්සයා 'අනේ... මාව බේරගන්න' කිය කිය උදව් ඉල්ලලා කෑ ගහනවා. වයසක මනුස්සයෙක් නෙමෙයි තරුණ එක්කෙනෙක්. දෙපැත්තේ මිනිස්සු බලාගෙන ඉන්නවා, බේරගන්න යන්න විදිහක් නෑ.

ගයාවෙනුත් වෙනම දිවි ගැලවීමේ හට කණ්ඩායමක් ඇවිල්ලා. ඒ ගොල්ලන්ටත් වතුරට බහින්න බෑ, ඒ තරම් වතුරපාරේ වේගය සැරයි. වේගයෙන් ගිහිල්ලා ඇදලා ගන්නත් බෑ තමන්ව ගැටගහගෙනනේ ඉන්නේ කණුවේ.

උපකාර නොකළ කෙනා උපකාර නොලබයි....

ඊට පස්සේ ඔන්න බෙල්ල ළඟටම ආවා වතුර පාර. මෙයා කෑගහනවා. ඊළඟට කට ළඟට ම ආවා වතුර පාර. ටික වෙලාවකින් වැහිලා ගියා. ලයිට් කණුවත් එක්කම වැටුනා මිනිස්සු බලාගෙන ඉන්දෙද්දී. බේරන්න බෑ. අනුන්ව බේරපු නැති එක්කෙනාට ප්‍රශ්නය ආපු වෙලාවට කව්රුත් නෑ. අනුන්ට උපකාර නොකරපු කෙනාට අනුන්ගෙන් උපකාරයක් නෑ. සමහරු අනුන්ට උපකාර කරන්න ලෑස්ති නෑ. 'මට උපකාර කරපං' කිය කිය යනවා. එහෙමයි දැන් රටාව හැදිලා තියෙන්නේ. යම් කිසි කෙනෙකුට දුක නම් විඳින්ට තියෙන්නේ, එයාව ගානට කර්මයෙන් කොටු කරලා දුක විඳින්ට සලස්සනවා. එහෙමයි මේවා වෙන්නේ. පොදු වශයෙන් අප තුළ තියෙනවා මූලික හැඟීමක්. ඒ තමයි දුක් විඳින්ට අසතුටත්, සැපයට කැමැත්තත්. ඒක මූලික කාරණයක් හැටියට තමන් තුළ තියනවා කියලා තමන් හඳුනාගෙන ඉන්ට ඕන. ඒක තමයි නුවණැත්තෙකුගේ ලක්ෂණය. ඒ මූලික කාරණය හඳුනාගෙන කටයුතු කළොත් මේ බිහිසුණු සසරේ තමන්ටත් පිහිටක් ලැබේවි.

විඳීම කියන්නේ බරපතල එකක්....

ඊළඟට බුදුරජාණන් වහන්සේ වදාළා **(ඵස්සනිරෝධෝ භික්ඛවේ වේදනානිරෝධෝ)** "මහණෙනි,

වේදනා නිරෝධය කියන්නේ ස්පර්ශ නිරෝධයටයි.” වේදනාව උපදින්නේ කොහෙන්ද? ස්පර්ශයෙන්. උපදින තැන ම තමයි නැතිවෙන්න තියෙන්නෙත්. වේදනාව නැතිවෙන්නේ ස්පර්ශය නැති වුණාමයි. විඳීම කියන්නේ පුංචි දෙයක් නෙවෙයි. බරපතල එකක්. විඳීමෙන් මොකක්ද කරන්නේ? **(වේදනා පච්චයා තණ්හා)** විඳීමෙන් තෘෂ්ණාව හටගනියි. **(තණ්හා පච්චයා උපාදානං)** තෘෂ්ණාවෙන් උපාදානය ඇතිවෙයි. ඒ කියන්නේ තෘෂ්ණාව නිසා එයා ඒකට ග්‍රහණය වෙයි, හසුවෙයි, බැඳෙයි.

ඊළඟට **(උපාදාන පච්චයා භවෝ)** ඒ හේතුවෙන් විපාක පිණිස කර්ම හැදෙයි. **(භව පච්චයා ජාති)** භවය මුල්කරගෙන උපදියි. ඉපදීම නිසා ජරාමරණ, සෝක වැලපීම්, දුක් දොම්නස්, සුසුම් හෙළීම් හටගනියි. මේ රටාවෙන් ගැලවෙන්ට බෑ. එහෙම යන රටාවක තමයි අපි මේ ඉන්නේ. ස්පර්ශය නැති වෙච්ච දවසට විඳීම නැතිවෙනවා. විඳීම නිරුද්ධ වන්නා වූ මාර්ගය ආර්ය අෂ්ටාංගික මාර්ගයයි. සම්මා දිට්ඨි, සම්මා සංකප්ප, සම්මා වාචා, සම්මා කම්මන්ත, සම්මා ආජීව, සම්මා වායාම, සම්මා සති, සම්මා සමාධි කියන මෙයයි.

වෙන කෙනෙකුට කරලා දෙන්ට බෑ....

සාමාන්‍යයෙන් අපි සැප දුක් විඳීම් විඳිනකොට මම, මගේ කියලා ගන්නවා මිසක් ස්පර්ශයෙන් විඳිනවා කියන බුද්ධ වචනය අතඅරිනවා. මේ බුද්ධ වචනය අහලා **සාධුකං මනසිකරෝථ** කියලා කියපු විදිහට අපි ඒ කාරණය මනාකොට මෙනෙහි කරන්නේ නැත්නම් කරන්ට දෙයක් නෑ. පරණ වලේ ම දඟල දඟල ඉදියි. සංසාර මඩ ගොහොරුවේ ම දඟල දඟල ඉදියි. ඒකෙන් ගොඩට යන්න නම් මේ විදිහට මෙනෙහි කරන්න ම

ඕන. කතාවක් තියෙනවනෙ අස්පයාව අරන් යන්න පුළුවන් වතුර ගාවට. හැබැයි අස්පයාට වතුර පොවන්ට බෑ. අස්පයා ම වතුර බොන්ට ඕන. ඒ වගේ මේ ධර්ම කාරණය මෙහෙමයි මෙහෙමයි කියලා අපට කියන්ට පුළුවන්. හැබැයි ඒක මෙනෙහි කරන්න ඕන තමා ම යි. ඒක වෙන කෙනෙක් කරලා දෙන්නේ නෑ.

ඊළඟට බුදුරජාණන් වහන්සේ වදාළා "මහණෙනි, යම් දවසක ආර්යශ්‍රාවකයා විඳීම කියන්නේ මේකයි කියලා දන්නවා නම්, විඳීම හටගන්නේ මෙහෙමයි කියලා දන්නවා නම්, මේ විඳීමේ වෙනස්කම් මේවායි කියලා දන්නවා නම්, විඳීමේ විපාක මේවායි කියලා දන්නවා නම්, විඳීම නිරුද්ධ වෙන්නේ මෙහෙමයි කියලා දන්නවා නම්, විඳීම නිරුද්ධ වන්නා වූ මාර්ගය මෙයයි කියලා දන්නවා නම් (**සෝ ඉමං නිබ්බේධිකං බ්‍රහ්මචරියං පජානාති වේදනානිරෝධං**) විඳීම් නිරුද්ධ වන්නා වූ සියුම් නුවණින් යුතු බඹසර එයා දන්නවා" කියනවා.

සඤ්ඤාව මිරිඟුවක් වගෙයි....

ඊළඟට බුදුරජාණන් වහන්සේ දේශනා කරනවා සඤ්ඤාව ගැනත් ඔය හය ආකාරයට ම දැනගන්න ඕනෙ කියලා. කොහොමද ඒ?

1. සඤ්ඤාව දැනගත යුත්තේය.
2. සඤ්ඤාවන්ගේ හටගැනීම දැනගත යුත්තේය.
3. සඤ්ඤාවන්ගේ වෙනස්කම් දැනගත යුත්තේය.
4. සඤ්ඤාවන්ගේ විපාක දැනගත යුත්තේය.
5. සඤ්ඤා නිරුද්ධවීම දැනගත යුත්තේය.
6. සඤ්ඤානිරෝධගාමිනී ප්‍රතිපදාව දැනගත යුත්තේය.

සඤ්ඤාව කියන්නේ හඳුනාගැනීමටයි. මේකේ බුදුරජාණන් වහන්සේ විස්තර කරනවා සඤ්ඤා හයක්.

1. **රූප සඤ්ඤා** - රූප හඳුනාගැනීම
2. **සද්ද සඤ්ඤා** - ශබ්ද හඳුනාගැනීම
3. **ගන්ධ සඤ්ඤා** - ගඳසුවඳ හඳුනාගැනීම
4. **රස සඤ්ඤා** - රස හඳුනාගැනීම
5. **ඓාට්ඨබ්බ සඤ්ඤා** - පහස හඳුනාගැනීම
6. **ධම්ම සඤ්ඤා** - අරමුණු හඳුනාගැනීම

මේ සඤ්ඤාව බුදුරජාණන් වහන්සේ මිරිඟුවට උපමා කළා. **(මරීචිකූපමා සඤ්ඤා)** සඤ්ඤා තොමෝ මිරිඟුවට උපමා ඇත්තීය. මිරිඟුව කියන්නේ හරි අද්භූත දෙයක්. වැස්ස වැහැපු වෙලාවට ඔබ පාරේ වාහනවල යද්දී දැකලා තියෙනවාද ඉස්සරහින් යන වාහනේ ඡායාව අර තාරපාරේ වැටිලා තියෙනවා? ඒ වාහනේ බ්‍රේක් ගහද්දි රතු ලයිට් පත්තු වෙනකොට ඒකත් අර වතුරෙන් පේනවා නේද? තදට අව්ව පායලා තියෙද්දි මිරිඟුව තියෙන වෙලාවට මිරිඟුවෙත් ඒක ඒ විදිහට ම පේනවා. මිරිඟුව කියන එක වතුර වගේනේ. වතුර වගේ තියෙන මිරිඟුවේ ඡායාව පේනවා. ලයිට් එක දැම්මොත් ඒකත් පේනවා. වතුර තියෙනවා වගේ පෙනුනාට එතනට ගිහිල්ලා බැලුවාම එහෙම එකක් නෑ.

අනිත්‍ය වසඟයට යන ලෝකය....

ඒ වගේ අපිත් 'මෙයා මගේ ස්වාමියා, මෙයා මගේ බිරිඳ, මෙයා මගේ අසවලා, මේ මම, මේ මගේ කටහඬ, මේ මගේ රූපය, මේ මගේ දේවල්, මේ මගේ අසවල් දේ' කිය කියා ගොඩාක් දේවල් හඳුනාගෙන ඉන්නවනෙ.

හැබැයි මේ හඳුනාගෙන ඉන්න දේවල් කලකදී මොකවත් නෑ. කලකදී ඒවාට වෙච්ච දෙයක් නෑ. ඔබ අනුරාධපුරයේ ගිහිල්ලා තියෙනවනෙ. දැන් නිකං කල්පනා කරලා බලන්න ඒ පැරණි රාජධානි දැන් තියෙනවාද? නෑ. ඒ රජවරු දැන් ඉන්නවාද? නෑ. ඉස්සර පොත්වල තියෙනවා අනුරාධපුර නගරය හරියට දිව්‍ය ලෝකේ බිමට බැහැලා වගේ කියලා. ඒ තරම් අලංකාර ගොඩනැගිලිවලින් විසිතුරු වෙලා තියෙනවා කියනවා. එච්චර ලස්සනයි කියනවා. දැන් තියෙන්නේ නිකම්ම නිකං වනාන්තරයක්.

ඒ කාලේ ඒක දිහා බලාගෙන කොච්චර රණ්ඩු සරුවල් ඇති වෙන්ට ඇද්ද... කොච්චර අයිතිවාසිකම් කියාගෙන ඉන්න ඇද්ද... මේ බලාපල්ලා මගේ එකේ ලස්සන කිය කිය කොච්චර ඉන්න ඇද්ද... ඒ ඔක්කොම නැතිවෙලා ගියා. දැන් අපිට මෙතන යමක් පේනවා. මේවත් කලක් යද්දි නැතිවෙලා යනවා. සඤ්ඤාව කියන එක හරියට අර මිරිඟුව පේනවා වගේ දෙයක්.

සඤ්ඤා විපල්ලාස....

මේ අපි හඳුනගන්න රූප, ශබ්ද, ගඳසුවඳ, රස, පහස, අරමුණු හැම එකක ම තියෙන්නේ මිරිඟුවක ස්වභාවය යි. කාමය ගැන විස්තර කරද්දි භාග්‍යවතුන් වහන්සේ වදාළා **(සංකප්පරාගෝ පුරිසස්ස කාමෝ)** මේ සත්වයාගේ කාමය කියන්නේ සංකල්පීය රාගයක් කියලා. සංකල්පීය රාගයක් කියන්නේ හිතේ මවාගන්න දෙයක්. එතකොට හිතේ මවා ගන්න දේ තමයි මනසේ ඇතිවෙන සඤ්ඤාව. නානාප්‍රකාර දේවල් අපි හිතේ මවාගන්නවා.

මේ සඤ්ඤාවේ බරපතල අර්බුදයක් තියෙනවා අවිද්‍යාව නිසා. ඒ කියන්නේ අපි හැම වෙලාවෙම හඳුන

ගන්නේ අනිත් පැත්ත. දුකට අයිති දේවල් පේන්නේ සැප වගේ. අනිත්‍ය දේවල් පේන්නේ හැමදාම තියෙන දේවල් වගේ. අසුභ දේවල් පේන්නේ සුන්දර දේවල් වගේ. ආත්මයෙන් තොර දේවල් පේන්නේ තමාගේ වසඟයේ පවත්වන්ට පුළුවන්, තමන්ට පාලනය කරන්ට පුළුවන් දේවල් වගේ. හැබැයි තමන්ට පාලනය කරන්ට බෑ. මේවට කියන්නේ සඤ්ඤා විපල්ලාස කියලා.

සංසාර පටලැවිල්ල....

මේ සඤ්ඤාව උපදින්නේ කොතනද? යම් තැනක ස්පර්ශය හටගනියි ද, එතන සඤ්ඤාව උපදියි. එහෙනම් රූප සඤ්ඤාව හටගන්නේ ඇසේ ස්පර්ශයෙන්. ශබ්ද සඤ්ඤාව හටගන්නේ කනේ ස්පර්ශයෙන්. ගන්ධ සඤ්ඤාව හටගන්නේ නාසයේ ස්පර්ශයෙන්. රස සඤ්ඤාව හටගන්නේ දිවේ ස්පර්ශයෙන්. ස්පර්ශ සඤ්ඤාව හටගන්නේ කයේ ස්පර්ශයෙන්. ධම්ම සඤ්ඤාව හටගන්නේ මනසේ ස්පර්ශයෙන්. එතකොට කාමය, විඳීම, සඤ්ඤාව කියන මේ තුන ම හටගන්නේ ස්පර්ශයෙන්. දැන් තේරුම් ගන්න මේ ඇස් දෙක, කන් දෙක, නාසය, දිව, කය, මනස කියන ආයතන හයෙන් ඇතිවන ස්පර්ශය තමයි සම්පූර්ණයෙන් මේ සංසාරයට අපිව පටලවලා දාලා තියෙන්නේ.

කල්ප කාලාන්තරයක් තිස්සේ පටලැවිලා පටලැවිලා ඇවිල්ලා දැන් අපිට පටලැවිල්ලක් තියෙනවා කියලා බැලූ බැල්මට පේන්නේ නෑ. නමුත් අපට තේරෙනවා මොකක්දෝ අර්බුදයක් තියෙනවා කියලා. ඒ අර්බුදය හරියට පැහැදිලි කරගන්න බෑ බුද්ධ දේශනාව ප්‍රගුණ කරන්නේ නැතිව. කරුවලේ ඉන්න කෙනෙක්

ඇවිදගෙන යද්දී වැටෙනවා, හැප්පෙනවා, දඟලනවා. එළියක් නැති තාක් කල් වැටි වැටී තමයි යන්න සිද්ධ වෙන්නේ. එළියක් අතට ගත්තු දවසට, ඇසුත් පෙනේ නම්, නොවැටී යන්න පුළුවන්.

සඤ්ඤාවේ වෙනස්කම්....

ඊළඟට බුදුරජාණන් වහන්සේ වදාළා සඤ්ඤාවේ වෙනස්කම්. **(අඤ්ඤා භික්ඛවේ සඤ්ඤා රූපේසු)** රූපයන් පිළිබඳ සඤ්ඤාව වෙනින් එකක්. ශබ්ද පිළිබඳ සඤ්ඤාව වෙනින් එකක්. ගඳසුවඳ පිළිබඳ සඤ්ඤාව වෙනින් එකක්. රස පිළිබඳ සඤ්ඤාව වෙනින් එකක්. පහස පිළිබඳ සඤ්ඤාව වෙනින් එකක්. අරමුණු පිළිබඳ සඤ්ඤාව වෙනින් එකක්. ඔන්න අපි කිව්වා 'ඒ ගිරවා අඹ පොකුරකුත් හොටෙන් අරන් ආකාසෙන් ආවා... ගිරවට නිදිමත හැදුනා... එතකොට ගිරවගේ හොටෙන් අඹපොකුර ගිලිහුනා...' කියලා. එහෙම කතාව කියනකොට ඔබට ඒක මැවිලා පෙනුනේ නැද්ද? පෙනුනා. ඒ පෙනුනේ ඇස් දෙකට ද, හිතට ද? හිතේ තමයි මැවිලා පෙනුනේ. එහෙම හිතට මැවිලා පෙනුනේ කනේ ස්පර්ශය හරහා. කනේ ස්පර්ශයෙන් ඇතිවන සඤ්ඤාව වෙනින් එකක්.

ඔන්න තව කෙනෙක් අපිත් එක්ක කියනවා 'අපි රුවන්වැලි මහාසෑයට ගියා. මහාසෑය වටේ පැදකුණු කරද්දී මල් ආසනවල මල් පිරීලා තිබුණා. ලස්සන නිල් මානෙල් මල් තිබුණා. සමන් පිච්ච මල් වැල් තිබුණා. සුදු නෙළුම් තිබුණා' කියලා කියනවා. එතකොට ඒ හැම එකක් ම හිතට මැවි මැවී පේනවා. ඒවත් කනේ ස්පර්ශයෙන් හටගත්තු සඤ්ඤා. නාසයේ ස්පර්ශයෙනුත් ඇතිවෙනවා සඤ්ඤාව. දැන් ඔබ මෙතන බණ අහ

අහා ඉන්නවා. ඉන්නකොට බැදුම් සුවඳක් එනවා. දැන් බණ අහගෙන කල්පනා කරනවා 'පපඩම් ද... මිරිස් ද... හාල්මැස්සො ද...' කියලා. නාසයට දැනිච්ච සුවඳත් එක්ක තමයි ඒ සඤ්ඤාවල් ආවේ. ගඳසුවඳ කෙරෙහි ඇතිවන සඤ්ඤාව වෙනින් එකක්. ඒ වගේ රසය කෙරෙහි, පහස කෙරෙහි, අරමුණු කෙරෙහි වෙනස් වෙනස් සඤ්ඤාවල් තමයි ඇතිවෙන්නේ. මේ විදිහට සඤ්ඤාවේ විවිධත්වය තියෙනවා.

සම්මුති ව්‍යවහාරය....

ඊළඟට විස්තර කරනවා සඤ්ඤාවේ විපාක ගැන. **(වෝහාරවේපක්කාහං භික්ඛවේ සඤ්ඤං වදාමි)** "මහණෙනි, මම සඤ්ඤාව ව්‍යවහාරය විපාක කොට ඇත්තේ යැයි කියමි." ව්‍යවහාරය කියන්නේ සම්මුතිය. **(යථා යථා නං සඤ්ජානාති තථා තථා වෝහරති ඒවං සඤ්ඤී අහෝසින්ති)** "හඳුන ගන්නේ යම් යම් විදිහෙන් ද, 'මං මෙබඳු සංඥාවක් ඇතිව සිටියා' කියලා ඒ ඒ විදිහෙන් ව්‍යවහාර කරනවා." එතකොට සඤ්ඤාවෙන් ඇතිකර දෙන්නේ මොකක්ද? සම්මුතියක්. ඒ ඒ අවස්ථාවේදී හඳුනාගන්න විදිහට ව්‍යවහාර කරනවා. එහෙම තමයි මේ ඔක්කොම තියෙන්නේ. මේ විදිහයි මේ විදිහයි කිය කිය අපි කතා කරන්නේ හඳුනගන්න දේ.

මේ දහම් වැඩසටහනට ඉස්සර ඉඳන් ආපු අය ඉන්නවනෙ. ඒගොල්ලෝ දන්නවා මෙතන පරණ ධර්ම ශාලාව තිබ්බච්ච විදිහ. ඒගොල්ලෝ කියනවා 'ඉස්සර මෙතනට එද්දී ධර්ම ශාලාව මේ විදිහටයි තිබුණේ' කියලා. ඒ විදිහට අපි සම්මුතියක් කතා කරනවා. ඒ වගේ සම්මුතිය පැවැත්වීම තමයි සඤ්ඤාවේ විපාකය. සඤ්ඤාව නිරුද්ධ වෙන්නේ ස්පර්ශය නිරුද්ධ වෙච්ච දවසට.

මනාපකායික දෙවිවරු....

එකතැනක තියෙනවා දිව්‍යැස්ලාභීන් අතරින් අග්‍ර අපේ අනුරුද්ධ මහරහතන් වහන්සේට දවසක් හිතුනා මනාපකායික දෙවිවරු දකින්ට ඕනෑ කියලා. මනාපකායික දෙවිවරු කියන්නේ හිත හිතූ ආකාරයට පංචකාමය මවන්ට පුළුවන් දෙවිවරු. පංචසීලය ආරක්ෂා කරපු ශ්‍රද්ධාවන්ත උපාසක අම්මලා ගිහිල්ලා එහේ උපදිනවා. උන්වහන්සේගේ අදහස දැනගෙන මනාපකායික දෙවිවරු පේන්ට ආවා. එතකොට උන්වහන්සේ මැලා නිල් පාට වේවා කියලා සඤ්ඤාවක් හිතුවා. අර දෙවිවරු උන්වහන්සේ හිතපු එක දැකලා නිල්පාට වුනා. ඊට පස්සේ හිතුවා මේ දිව්‍යාංගනාවෝ රන්වන් පාට වේවා කියලා. එතකොට රන්වන් පාට වුනා. මේ දිව්‍යාංගනාවෝ සුදු පාට වේවා කියලා හිතුවා. එතකොට සුදු පාට වුනා. ඊට පස්සේ උන්වහන්සේ නිකං ඉන්නකොට දිව්‍යාංගනාවෝ නටන්ට ගත්තා. නටන්ට ගත්තම උන්වහන්සේ දෑස වසා ගත්තා. එතකොට දිව්‍යාංගනාවෝ කල්පනා කළා අනේ මුන්වහන්සේ අපේ නැටුමට සතුටු නැතුව වගේ කියලා නොපෙනී ගියා. සඤ්ඤාව නැති වෙලා ගියා.

සසර ගඳ ගස්සන ආශ්‍රව....

සඤ්ඤාව සම්පූර්ණයෙන් ම කෙලෙස් නොහට ගන්නා මට්ටමෙන් නැතිවීමට කියනවා ස්පර්ශය නිරුද්ධ වෙනවා කියලා. ස්පර්ශය නිරුද්ධ වීමෙන් සඤ්ඤාව නිරුද්ධ වෙනවා. සඤ්ඤානිරෝධගාමිනී ප්‍රතිපදාව තමයි ආර්ය අෂ්ටාංගික මාර්ගය. දැන් අපි කරුණු තුනක් ගැන ඉගෙන ගත්තා. කාමය ගැන ඉගෙන ගත්තා. විඳීම් ගැන ඉගෙන ගත්තා. සඤ්ඤාව ගැන ඉගෙන ගත්තා. තව

තුනක් ඉතුරු වෙලා තියෙනවා. ඊළඟ එක ආශ්‍රව. ආශ්‍රව කියන්නේ අපේ ජීවිත අභ්‍යන්තරයේ තියෙන භයානක දෙයක්. අපි ගත්තොත් යම්කිසි කසායක් හදලා, ඒ කසාය කාලයක් තිස්සේ හැළියක දාලා පල්වෙන්න ඇරලා, ඒ කසායේ ස්පිරිට් එක ගන්නවා. ඒ ස්පිරිට් එකට කියනවා ආසව කියලා.

අන්න ඒ වගේ ආශ්‍රව කියලා කියන්නේ කාලයක් තිස්සේ අපේ මේ කෙලෙස් ගොඩේ පල්වෙවී හැදිලා තියෙන සංසාරය ගඳ ගස්සන ජාති තුනක්. ඒකට සංසාරේ ගඳ ගස්සනවා කිව්වට කමක් නෑ. නැවත නැවත සංසාරේ පෙරේතයෝ වෙලා, භූතයෝ වෙලා, සත්තු සර්පයෝ වෙලා යන්ට සිද්ධවීම කියන්නේ තමන්ගේ සංසාර ගමන ගඳ ගැස්සිල්ලක් නෙමෙයි ද? සුවඳ ගගහා නෙවෙයි යන්න තියෙන්නේ මේකේ.

නොයෙක් ඉරණම්වලට ඇදගෙන යන ආශ්‍රව....

ආශ්‍රව තුන්වර්ගයක් තියෙනවා. පළවෙනි එක කාමාසව, දෙවෙනි එක භවාසව, තුන්වෙනි එක අවිජ්ජාසව. බුදුරජාණන් වහන්සේ දේශනා කළා ආශ්‍රව ගැනත් අර සය ආකාරයෙන් ම දැනගන්න ඕනෙ කියලා. කොහොමද ඒ? ආශ්‍රවයන් දැනගත යුත්තේය. ආශ්‍රවයන්ගේ හටගැනීම දත යුත්තේය. ආශ්‍රවයන්ගේ වෙනස්කම් දත යුත්තේය. ආශ්‍රවයන්ගේ විපාක දත යුත්තේය. ආශ්‍රව නිරෝධය දත යුත්තේය. ආශ්‍රවයන් නිරුද්ධ වන්නා වූ මාර්ගය දත යුත්තේය. මේ හිත ඇතුලේ තියෙන ආශ්‍රවවලින් අවස්ථානුකූලව අපව භයානක විදිහට එක එක ඉරණම්වලට ඇදගෙන යනවා.

කාම ආශ්‍රවවලට තමයි ද්වේශයත් අයිති.

අලුතින් ආපු ජාතක කතා දහතුන්වෙනි පොතේ තියෙනවා ලස්සන ජාතක කතාවක්. ඒක කියවද්දී හරී දුක හිතෙනවා. ඒකේ නිදාන කතාවේ තියෙනවා වේළුවනාරාමයේදී භික්ෂූන් වහන්සේලා කතා වෙනවා 'අනේ ඇයි ද දන්නේ නෑ දේවදත්ත අපගේ භාග්‍යවතුන් වහන්සේට මෙච්චර විරුද්ධකම් කරන්නේ...? මොකක්ද මේකට හේතුව...?' කියලා. කාටවත් මේ හේතුව හොයා ගන්ට බෑ. ඒ වෙලාවේ බුදුරජාණන් වහන්සේ දම්සභා මණ්ඩපයට වැඩියා. වැඩලා අහනවා "මහණෙනි, මොකක්ද මං එන්ට කලින් කතා කරකර හිටියේ?" 'අනේ ස්වාමීනී, අපි කතා කරකර හිටියේ අර දේවදත්ත භාග්‍යවතුන් වහන්සේට මෙච්චර හතුරුකම් කරන්නේ ඇයිද දන්නේ නෑ කියලයි.'

අහෝ දෙව්දත් නොදුටි මොක්පුර....

බුදුරජාණන් වහන්සේ එතනදී වදාරනවා දේවදත්තගේ හිතේ ද්වේශය හටගත්ත තැන. දවසක් බුදුරජාණන් වහන්සේ රජගහනුවර වැඩම කරලා තියෙනවා බුදුරැස් විහිදුවාගෙන. එතකොට මග දෙපස රැස්වෙලා හිටිය මිනිස්සු බුදුරජාණන් වහන්සේ දිහා බලාගෙන 'ආං බලාපල්ලා අපගේ ශාස්තෘන් වහන්සේගේ බුදුරැස් විහිදුවමින් වඩින අපූරුව...!' කියලා සාදු හඬ නංවලා. ඒ පෝලිමේ පිටිපස්සේ ඉඳලා තියෙනවා දේවදත්ත. භාග්‍යවතුන් වහන්සේට ලැබෙන ප්‍රශංසාව දැකලා එදා ඉඳන් තමයි දේවදත්ත තුළ අපේ භාග්‍යවතුන් වහන්සේ කෙරෙහි ඊර්ෂ්‍යාව හටඅරන් තියෙන්නේ. දැක්කද ආශ්‍රවය මතුවෙච්ච තැන.

මංගල හස්තිරාජයාට ඉරිසියා කරපු රජා....

ඊට පස්සේ බුදුරජාණන් වහන්සේ දේශනා කළා 'මහණෙනි, කලින් ආත්මෙකත් ඔය විදිහටම වුණා' කිව්වා. 'අනේ ස්වාමීනී, කලින් ආත්මෙක කොහොමද වුනේ?' කියලා ඇහුවා. 'මහණෙනි, කලින් ආත්මෙක බෝධිසත්වයෝ වලාහක කියන හස්ති කුලේ ඇත් රජෙක් වෙලා උපන්නා. මේ හස්ති රාජයා මංගල හස්තියෙක්. හොඳට පුහුණු කරලා තියෙනවා. ඒ රටේ රජ්ජුරුවන්ට තමයි මේ ලස්සන හස්තියා ලැබුණේ. දවසක් රජ්ජුරුවෝ මේ හස්තිරාජයා පිටේ නැගලා නගර ප්‍රදක්ෂිණාවේ යනවා. එතකොට වීදි දෙපැත්තේ ලස්සනට සරසලා හිට, මිනිස්සු පාර දෙපැත්තේ බලාගෙන ඉන්නවා. රජ්ජුරුවෝ මහා ගාම්භීර රාජකීය ලීලාවෙන් ඇතා පිට නැගලා දැන් යනවා ලස්සනට.

මිනිස්සු ඇඟිල්ල දික්කරකර 'අනේ බලාපං ලස්සන... අර ලස්සන බලාපං...' කියකිය කියනවා. එතකොට රජ්ජුරුවෝ තව හරි බරි ගැහුනා තමන් ගැනයි මේ මිනිස්සු කියන්නේ කියලා. බැලුවම මිනිස්සු බලාපං කිය කිය කියලා තියෙන්නේ රජ්ජුරුවෝ ගැන නෙමෙයි, ඇතා ගැන. රජ්ජුරුවෝ පිටිපස්සෙන් හිටිය ඇමතියාගේ කනට කරලා අහනවා 'ඇමතිය, අද මිනිස්සු මං ගැන බොහොම සතුටින් වගේ නේද..?' කියලා. 'නෑ දේවයන් වහන්ස, ඔබ වහන්සේ ගැන නෙවෙයි මේ මිනිස්සු කියවන්නේ. මේ හස්තිරාජයා ගැනයි මිනිස්සු කියවන්නේ' කිව්වා. එතකොට රජ්ජුරුවන්ට ඉරිසියාවක් හටගත්තා තමන්ගේ ම මංගල හස්තියා ගැන.

ඇතා මරන්නටයි උත්සාහය....

ඊට පස්සේ හොඳ වැඩක් කරන්නම් කියලා හිතලා

වේභාර පර්වතය ගාවට ගියා. ගිහිල්ලා ඇත්ගොව්වගෙන් ඇහුවා 'ඇත්ගොව්වෝ, මේ ඇතා නුඹ හරියට හික්මවලා නෑ නේද?' 'අනේ දේවයන් වහන්ස, ඇතා හොඳට පුරුදු පුහුණු කරලා ඉන්නේ' කිව්වා. 'බොරු නොකියා හිටහං. මේකාගේ ඇති පුරුද්දක් නෑ. හා.... පෙන්නපං එහෙනම්' කියලා රජ්ජුරුවෝ ඇතා පිටින් බැස්සා. 'නැගපිය දැන් උඹ ඇතාගේ පිටේ' කිව්වා. ඇත්ගොව්වා ඇතා පිටේ නැග්ගා. එහෙනම් මේකාව මේ පර්වතය මුදුනට එක්කන් පලයං' කිව්වා. එක්කන් ගියා. රජ්ජුරුවෝ දෝලාවෙන් ගියා. කන්ද මුදුනේ එහා පැත්තේ තියෙන ප්‍රපාතේ අයිනට ගෙනිච්චා.

ඊට පස්සේ කිව්වා 'එහෙනම් දැන් ඔච්චර හික්මවලා නම් දැන් කියාපං මේකට කකුල් තුනෙන් හිටගන්න කියලා.' ඇත්ගොව්වා කිව්වා අර ඇතාට 'පුතේ උඹට මං හොඳට උගන්නලා තියෙන්නේ. උඹ දැන් පරිස්සමින් කකුල් තුනෙන් හිටගනිං' කිව්වා. හිටගත්තා. 'හරිමදි හරිමදි... කකුල් දෙකෙන් හිටගනිං' කිව්වා. 'පුතේ, කකුල් දෙකෙන් හිටගනිං' කිව්වා. හිටගත්තා. කොහොම කළත් රජ්ජුරුවන්ව සතුටු කරවන්ට බෑ. 'ඒක හරියන්නෙත් නෑ. ඉස්සරහා කකුල් දෙකෙන් හිටවපං, පිටිපස්සේ කකුල් දෙක උස්සගෙන' කිව්වා. 'පුතේ කරපං මේක' කිව්වා. කළා. ඊට පස්සේ 'හරියන්නේ නෑ. තනි කකුලෙන් හිටවලා පෙන්නපං' කිව්වා. 'පුතේ, තනි කකුලෙන් පරිස්සමෙන් හිටගනිං මයෙ පුතා' කිව්වා. ඇත් රජා තනි කකුලෙන් හිටගත්තා. මට හරි දුක හිතුනා මේක කියවනකොට.

අවාසනාවන්ත රජෙක්....

ඊට පස්සේ රජ්ජුරුවෝ 'ඒකත් වැඩක් නෑ. මේකාව

ආකහේ හිටවපං' කිව්වා. ඇත්ගොව්වා ඇත්කුඹේ බදාගෙන කනට ළං කරලා කිව්වා 'පුතේ... මේ සතා (සතා කිව්වේ රජ්ජුරුවන්ට) උඹව මරන්ටයි යන්නේ. පුතේ, පුළුවන් නම් ආකහේට පැනනැගලා කොහේ හරි යමං මයෙ දෙයියා...' කිව්වා. කියනකොට ම මේ ඉර්ධි බලයෙන් යුක්ත වලාහක හස්තිරාජයා අහසට පැනනැග්ගා. ආකාසේ ඉඳලා ඇත්ගොව්වා රජ්ජුරුවන්ට කියනවා 'ඒයි ගොන් රජා, මේ වගේ උතුම් හස්තියෙක් පිටේ යන්ට තොට වාසනාව නෑ. දැන් දැනගං...' කිව්වා. 'යමං පුතේ...' කියලා ආකාසෙන් ගියා බරණැසට.

බරණැස් රජ්ජුරුවන්ගේ මාලිගාවේ මිදුලේ ආකාසේ ඉන්නවා දැන්. රජ්ජුරුවෝ පහළට දුවගෙන ආවා. 'අනේ බිමට පාත්වෙයන් පැටියෝ' කිව්වා. ඇත්ගොව්වා ඔක්කොම විස්තරේ කිව්වා. බරණැස් රජ්ජුරුවෝ ඊට පස්සේ තමන්ගේ රාජ්‍ය කොටස් තුනකට බෙදලා හස්තිරාජයාට කොටසක් දුන්නා. ඇත්ගොව්වාට කොටසක් දුන්නා. තමන් කොටසක් ගත්තා. මහණෙනි, ඒ කාලේ ඒ රජා වෙලා හිටියේ ඔය දේවදත්ත. ඇත්ගොව්වා වෙලා හිටියේ අපේ ආනන්දයන්. බරණැස් රජ්ජුරුවෝ වෙලා හිටියේ අපේ සාරිපුත්ත. හස්තිරාජයා වෙලා හිටියේ මං' කිව්වා.

වැඩිහිටි වූ පමණින් ප්‍රඥාව හටගන්නේ නෑ....

දේවදත්ත තුළ තිබුණ ආශ්‍රව තමයි ඒ විදිහට ඇවිස්සිලා ආවේ. ඔය විදිහේ ආශ්‍රවත් එක්ක තමයි අපි මේ සංසාරේ යන්නේ. එතකොට සංකල්පීය රාගය ආශ්‍රවයක් හැටියට අප තුළ තියෙනවා. ඒක පළවෙනි එක. භවාසව කියන්නේ තව තව මේකේ ලගින්ට ම යි

ආසා. කටින් කියනවා 'අපෝ... මේ සසර නම් එපා' කියලා. නමුත් හිතේ තියෙන ඇත්ත ස්වභාවය මොකක්ද? ලගින්ට ම යි ආසා. ඒ භවාස්‍රව. අවිජ්ජාස්‍රව කියන්නේ චතුරාර්ය සත්‍යය පිළිබඳ අනවබෝධය නමැති මුළාව. ඒකෙන් උපද්දව උපද්දව දෙන්නේ ම මෝඩකම. ප්‍රඥාව නෙමෙයි. වැඩිහිටි වුනා කියලා ප්‍රඥාව හටගන්නේ නෑ. නුවණින් මෙනෙහි කිරීමෙනුයි ප්‍රඥාව හටගන්නේ.

ආශ්‍රවයන් හටගන්නේ මොකෙන්ද? **(අවිජ්ජා භික්ඛවේ ආසවානං නිදානසම්භවෝ)** ආශ්‍රව හටගන්නේ අවිද්‍යාවෙන්. අවිද්‍යාව කිව්වේ **(දුක්ඛේ අඤ්ඤාණං)** මේ ජීවිතය දුකක් කියලා දන්නේ නෑ. **(දුක්ඛසමුදයේ අඤ්ඤාණං)** මේ දුක හටගන්නේ මෙහෙමයි කියලා දන්නෙ නෑ. **(දුක්ඛනිරෝධේ අඤ්ඤාණං)** දුකෙන් නිදහස් වෙන්ට පුළුවන් කියලා දන්නේ නෑ. **(දුක්ඛනිරෝධ ගාමිනියාපටිපදාය අඤ්ඤාණං)** මේ දුකෙන් නිදහස් වෙන්ට තියෙන මාර්ගය දන්නේ නෑ. ඒක තමයි අවිද්‍යාව කියන්නේ. ආශ්‍රව හටගන්නේ අවිද්‍යාවෙන් නම් ආශ්‍රවයන්ගෙන් නිදහස් වෙන්නේ කවද්ද? අවිද්‍යාව නිරුද්ධ වෙච්ච දවසට. අවිද්‍යාව නිරුද්ධ වෙච්ච දවසට මේ ඇතුලෙන් ඇවිස්සිලා ඇදගෙන යන ස්වභාවය නැතුව යනවා. එතකන් ම ඇතුලෙන් ඇවිස්සිලා ඔහේ දක්කගෙන යනවා මේ සත්වයාව.

ආශ්‍රවයන්ගේ විවිධත්වය....

ඊළඟට බුදුරජාණන් වහන්සේ විස්තර කරනවා ආශ්‍රවයන්ගේ වෙනස්කම් ගැන. **(අත්ථි භික්ඛවේ ආසවා නිරයගාමිනියා)** මහණෙනි, නිරයට රැගෙන යන ආශ්‍රව ඇත්තේය. කෙනෙක් හොඳ ලස්සනට හැඳ පැලඳගෙන

ඉන්න පුළුවන්. නමුත් එයා තුළ ආශ්‍රවයන් තියෙනවා නිරයට ඇදගෙන යන. එයා මෙහෙන් මැරෙනකොට කෙලින් ම යන්නේ නිරයට. ඒක බාහිරින් හොයන්න බෑ. **(අත්ථි භික්ඛවේ ආසවා තිරච්ඡානයෝනිගාමිනියා)** තිරිසන් අපායට ගෙනයන ආශ්‍රව ඇත්තේය. **(අත්ථි භික්ඛවේ ආසවා පෙත්තිවිසයගාමිනියා)** ප්‍රේතලෝකයට ගෙනයන ආශ්‍රව ඇත්තේය. කෙනෙක් සෝවාන් ඵලයට පත් වුනොත් නිරයට ගෙනියන ආශ්‍රව නිරුද්ධ වෙනවා. තිරිසන් අපායට ගෙනයන ආශ්‍රවත් නිරුද්ධ වෙනවා. ප්‍රේත ලෝකයට ගෙනයන ආශ්‍රවත් නිරුද්ධ වෙනවා. බලන්න උන්වහන්සේ බුදුඇසින් මොනතරම් දේවල් මේ මනුස්ස ජීවිතේ ගැන දැකලද.

අභ්‍යන්තරය පේන්නේ නෑ....

දැන් අපි කියමු ලස්සනට සළුපිළි පොරවගෙන, සුවඳ විහිදුවාගෙන, දිලිසීගෙන, හැඩවැඩ දාගෙන මෙතනින් කෙනෙක් යනවා. එහෙම කෙනෙක් දැක්කාම 'අනේ මටත් මේ වගේ කෙනෙක් වෙන්ට ඇත්නම්...' කියලා හිතෙනවා නේද අපට? අපි පේනවද ඊළඟ ආත්මේ එයා මොන වගේ ලෝකෙකට යන්න ඉන්න කෙනෙක් ද කියලා? නෑ. අපට පේන්නේ භෞතික දෙයක්. අභ්‍යන්තරයේ තියෙන ආශ්‍රව පේන්නේ නෑ. බලන්න බුදුරජාණන් වහන්සේගේ ප්‍රඥා මහිමය. උන්වහන්සේ මේ සත්වයාගේ අභ්‍යන්තරයේ තියෙන සියලු කසට, සියලු අර්බුද, සියලු කෙලෙස් දැක්කනේ.

ඒ වගේම උන්වහන්සේ වදාළා **(අත්ථි භික්ඛවේ ආසවා මනුස්සලෝකගාමිනියා)** තවත් ආශ්‍රව තියෙනවා මිනිස් ලෝකෙට ගෙනියන. එහෙනම් අපි කලින් ආත්මේ

මැරුණාම ක්‍රියාත්මක වෙලා තියෙන්නේ මොන ආශ්‍රවද? මිනිස් ලෝකෙට ගෙනියන ආශ්‍රව ක්‍රියාත්මක වෙලයි මේ ජීවිතේ අපි මනුස්ස ලෝකෙට ආවේ. මේ ජීවිතයේ කරන ක්‍රියාව අනුව ආශ්‍රව හැදිලා තියෙන හැටියට ඊළඟ ජීවිතේට අරන් යයි. එහෙමයි මේ රටාව තියෙන්නේ. **(අත්ථි භික්ඛවේ ආසවා දේවලෝකගාමිනියා)** ඒ වගේම තව ආශ්‍රව තියෙනවා දිව්‍ය ලෝකයට ගෙනියන. මේක තමයි මහණෙනි, ආශ්‍රවයන්ගේ වෙනස්කම.

පෘථග්ජන සත්වයාගේ සසර චාරිකාව....

දැන් මේ කියපු ආශ්‍රව අපට ඇස් දෙකට පේන්නේ නෑ. මේක තියෙන්නේ අසවල් තැන කියලා අපට ඇඟිල්ල දික් කරලා පෙන්නන්ට බෑ. ඇයි හේතුව, මේ මනස කියන්නේ මායාකාරී එකක්. මායාකාරී රටාවක මේක තියෙන්නේ. මේ මායාව සිඳබිඳගෙන සත්‍ය තුළට ඇතුළු වෙනවා කියන්නේ, සත්‍යයට ප්‍රවේශ වෙනවා කියන්නේ, සත්‍ය වැඩකරන්න ගන්නවා කියන්නේ ඒක සුළුපටු වෙනසක් ද... සුළුපටු පරිවර්තනයක් ද... මායාව සිඳබිඳගෙන මේ ජීවිතය ඇතුලේ සත්‍යය වැඩ කරනවා කියන එක කටින් කරන්න බෑ. 'මගේ හිතේ ආශ්‍රව දුරු වේවා..!' කියලා පතලා කරන්න බෑ. අවිද්‍යාව තියෙනකම් ආශ්‍රව හටගන්නවා.

ආශ්‍රවයන්ගේ ස්වභාවය තමයි ඒ ඒ තැන අරගෙන යනවා. එතකොට බලන්න මේ සංසාර ගමන කොයිතරම් බිහිසුණුද..! එහෙනම් ලෝකයේ තියෙන බිහිසුණු ම චාරිකාව මොකක්ද? පෘථග්ජනයාගේ සසර චාරිකාවයි. ලෝකයේ ඊට වඩා බිහිසුණු වෙනත් කතන්දරයක් නෑ. ඒක තමයි බිහිසුණුම දේ. පුහුදුන් සත්වයාගේ සසර චාරිකාව.

මේකේ සොඳුරු චාරිකාව තමයි මගඵලලාභීන්ගේ චාරිකාව. මගඵලලාභීන්ට අනතුරක් නෑ. මගඵලලාභීන්ගේ එක එක මට්ටම්වලදී ඒ ඒ ආශ්‍රව නැතිවෙනවනෙ.

සිතූ දේ නොම වේ....

ඊළඟට ආශ්‍රවයන්ගේ විපාක තමයි අවිද්‍යාවෙන් යුක්ත සත්වයා පිනේ විපාක වශයෙන් හෝ පවේ විපාක වශයෙන් හෝ ඒ ඒ ආත්මභාවය උපදවනවා. රැස් වුනා නම් පින, ඒ පුද්ගලයාව හොඳ ලෝකෙක ගෙනියනවා. රැස් වුනා නම් පව, සතර අපායට ගෙනියනවා. අපට පේන්නේ මීට හාත්පසින් වෙනස් එකක්. මං කිව්වනේ අපේ සඤ්ඤාව විපරීත වෙලා තියෙන්නේ කියලා. දැන් අපි කියමු ඔබට ඕන බත් ටිකක් උයාගෙන ව්‍යංජන දෙකක් හදාගෙන කන්න. දැන් ඔබ කඩේ ගියා. හාල් කිලෝ එකක් ගත්තා. පොල් ගෙඩියක් ගත්තා. පරිප්පු පන්සීයක් ගත්තා. අරගෙන ගෙදර ගෙනාවා. ඉව්වා. කෑවා. මේ ඔක්කොම කරද්දී දැන් පේන්නේ කොහොමද? මට බඩගිනි ආවා, මම කඩේ ගියා, මම බඩු ගත්තා, මම ගෙදර ගෙනාවා, මම ලිප පත්තු කළා, මම ඉව්වා, මම කෑවා කියලා නේද? ඔය අතරේ කවුරුහරි පිණ්ඩපාතෙත් වැඩියා. මම දානෙත් දුන්නා. එතකොට අපට තමන් වෙනුවෙනුත් මැදිහත් වෙලා යමක් කරන්ට පුළුවන්. ඒ මත මුළාවෙනවා මේ විදිහට මට හොඳට පරලොවත් යන්ට ඇහැකි කියලා. එහෙම වෙන්නේ නෑ. මරණාසන්න වෙනකොට ඔන්න තමන්ගේ ඇස් වැහුනා. නින්ද ගියා. ඔන්න මව් කුසකට රිංගුවා. කව්ද අරන් ගියේ? ආශ්‍රව.

අරුම පුදුම සිදුවීමක්....

මට මතකයි මං දවසක් හොරණ යද්දී අපි පටු

පාරකින් ගියේ. පොඩි කඳුගැටයක් උඩ ගෙයක් තියෙනවා. වැස්සියක් පාරේ අයිනේ ඉඳලා මේ ගේ දිහා බලාගෙන ඉන්නවා, හරිම පුදුම සහගතයි. මම වාහනේ එළවන ළමයට කිව්වා 'පොඩ්ඩක් වාහනේ ස්ලෝ කරලා මේ වැස්සි දිහා බලන්න' කියලා. හැරි හැරී ගේ දිහා බලාගෙන යනවා. ඒ සිද්ධිය දැක්කහම මට හොඳට තේරුණා ඒ ගෙදර හිටිය එක්කෙනෙක් තමයි වැස්සියක් වෙලා මේ ඉපදිලා ඉන්නේ කියලා. මොකක් හරි එකකට ඒ පාරෙන් එන්ට උනා. අර ගේ අහම්බෙන් දැක්ක ගමන් මේ වැස්සිට අමතක වුනා ගමන් බිමන්. මේ පාර මැද්දේ නැවතිලා, අර ගේ දිහාට හැරිලා ඇස් දෙක ලොකු කරගෙන බලාගෙන ඉන්නවා. ඉතිං අපි හෝන් එක ගැහුවම පොඩ්ඩක් අයින් වුනා. අයින් වෙලා ආයෙත් අර ගේ දිහා බලාගෙන ඉන්නවා. මම හිතුවා මේ ගෙදර හිටිය ආච්චි තමයි මැරිලා මේ වැස්සි වෙලා ඉපදිලා ඉන්නේ කියලා. ඒ ගෙදර මිනිස්සු කවුරුත් හිටියේ නෑ. ඒ ගෙදර වහලා තිබුනේ. ඒක මට හොඳට මතක හිටියා. ඔය වගේ අපේ ඤාතීන් කෙළවරක් නැතුව සත්තු අතරේ ඉපදිලා ඇති.

සමහර වයසක අය පොඩි ළමයි වගේ....

සාමාන්‍යයෙන් කෙනෙක් මැරිලා මව්කුසක පිළිසිඳ ගත්තට පස්සේ මව්කුසේ පුංචි කලලයක් හැටියට තියෙනකොට අපට දැනෙන දේවල් අපි කාටවත් ම මතක නෑ. මව්කුසේ ජීවත් වෙච්ච විදිහ අපි කවුරුවත් දන්නෙ නෑ. මම, මගේ කිය කියා මේ ඔක්කොම කරන්නේ දැන් මේ ආයතන ටික හොඳට හැදිලා මෝරලා තියෙන නිසානේ. නැත්තං දන්නේ නෑනේ අපි. මේ ස්වභාවය ආයෙ නැති වෙලා ආයෙ ළපටි වෙනවා. මම දැකලා තියෙනවා සමහර අය හොඳටම වයසට ගියාට පස්සේ පොඩි ළමයි

කරන දේවල් තමයි කරන්නේ. වැඩිහිටියෙකුගේ ලක්ෂණ නෑ. එහෙම වෙලා මැරිලා යනවා.

ඔය විදිහට නොයේක් ආකාරයේ දුක්ඛිත ඉරණම්වලට යනවා. ඒ ඔක්කොම කරන්නේ ආශ්‍රවයන් ගෙන් හැදිච්ච ජීවිතය. එහෙම ගිහිල්ලා දුකට පත් වෙනවා. දන්නේ නෑ කව්රුත් මේක මෙහෙම වෙනවා කියලා. බුදුරජාණන් වහන්සේගේ බුදුනුවණින් දුටුවා මිසක් මේ පුහුදුන් ලෝකයට නම් මේක හිතාගන්ටවත් බෑ. මුළාවෙන් මුළාවට ම පත් වෙවී යනවා.

ආශ්‍රව නිරෝධය....

ඊළඟට ආශ්‍රව හටගන්නේ යමකින් ද, ඒ හටගත්තු දේ නැති වුණාම ආශ්‍රව නැති වෙලා යනවා. මොකෙන්ද ආශ්‍රව හටගන්නේ? අවිද්‍යාවෙන්. එහෙනම් ආශ්‍රව නැති වෙන්නේ අවිද්‍යාව නැති වීමෙන්. රහතන් වහන්සේට අවිද්‍යාව නිරුද්ධයි. අවිද්‍යාව නිරුද්ධ වුණාට පස්සේ සතර අපායේ ගෙනියන ආශ්‍රවත් නෑ. මනුස්ස ලෝකෙට ගෙනියන ආශ්‍රවත් නෑ. දෙව්ලොව ගෙනියන ආශ්‍රවත් නෑ. ආසවනිරෝධගාමිනී පටිපදාවත් ආර්ය අෂ්ටාංගික මාර්ගය ම යි. දැන් බලන්න පින්වත්නි, මේ ආර්ය අෂ්ටාංගික මාර්ගය මොනතරම් අසිරිමත් ද..! මේ ආර්ය අෂ්ටාංගික මාර්ගයේ ම නේ යන්ට අමාරු. දැන් මේ ආර්ය අෂ්ටාංගික මාර්ගය අපි ඔක්කොටම පාඩම් නැද්ද? පුංචි සන්ධියේ සිට පාඩම්.

ඒ ගුණධර්ම උපදවාගන්ට අමාරුයි....

සම්මා වාචා කියන්නේ මොකක්ද කියලා ඇහුවොත් කියනවා 'මුසාවාදා වේරමණී, පිසුණාවාචා වේරමණී,

ඵරුසාවාචා වේරමණී, සම්ඵප්පලාපා වේරමණී' කියලා. සම්මා කම්මන්ත මොකක්ද කියලා කියන්නත් දන්නවා. සම්මා දිට්ඨිය ගැනත් කියන්න දන්නවා. සම්මා සංකප්ප කියන්නේ මොකක්ද කියලා ඇහුවොත් 'නෛෂ්ක්‍රම්‍ය සංකල්පය යි, ව්‍යාපාද නැති සංකල්පය යි, හිංසා නැති සංකල්පය යි' කියලා කියන්න දන්නවා. ඒක පාඩමක් විදිහට දන්නවා විතරයි. නමුත් නෛෂ්ක්‍රම්‍ය සංකල්පය උපදවාගන්ට බෑ. අන්න වෙනස. අව්‍යාපාද සංකල්පය උපදවාගන්ට බෑ. අවිහිංසා සංකල්පය උපදවාගන්ට බෑ.

ඊළඟට සම්මා සති කියලා කියන්නේ 'කායේ කායානුපස්සී, වේදනාසු වේදනානුපස්සී, චිත්තේ චිත්තානුපස්සී, ධම්මේසු ධම්මානුපස්සී කියන සතර සතිපට්ඨානයයි' කියලා කියන්න දන්නවා. නමුත් සතිපට්ඨානය උපදවාගන්ට බෑ. සම්මා සමාධි කියන්නේ පළවෙනි ධ්‍යානය, දෙවන ධ්‍යානය, තුන්වන ධ්‍යානය, හතරවන ධ්‍යානය කියලා කියනවා. කරගන්ට බෑ. මේක කරගන්ට පුළුවන් වෙච්ච කෙනෙකුට විසඳුම තියෙනවා. පුද්ගලයාව විසඳුම කරා ගෙනියන්නේ ධර්මයක් විසිනුයි.

මෙලොවත් පරලොවත් ශ්‍රේෂ්ඨ වන දෙය....

කවුරුහරි කෙනෙක් සෝවාන් වුණොත් ගුරුවරයා සෝවාන් කරනවා නෙවෙයි, රහතන් වහන්සේලා සෝවාන් කරනවා නෙමෙයි. සෝවාන් වෙන්නේ මොකෙන්ද, බුදුරජාණන් වහන්සේ වදාළ ධර්මය තමන්ගේ සිතේ පහළ වීමෙන්. එහෙනම් ඒක කළේ කව්ද? ධර්මය යි. ධර්මය දෙන්න උපකාර කළා ගුරුවරු. එතකොට ගුරුවරුන්ට ණයගැතියි. එහෙමයි වෙන්නේ. යම් කිසි කෙනෙක් නිකෙලෙස් වුණොත් ඒ නිකෙලෙස්

බවට පත් කරවන්නේ බුදුරජාණන් වහන්සේගේ ධර්මය යි. ඒකනේ බුදුරජාණන් වහන්සේ අර වාසෙට්ඨයන්ට දේශනා කළේ "වාසෙට්ඨයෙනි, මෙලොවත් පරලොවත් දෙකේ ම ජනයා අතර ශ්‍රේෂ්ඨ වන්නේ ධර්මයයි" කියලා. ධර්මයෙන් තමයි ඒක කරලා දෙන්නේ.

ඊළඟට මට හම්බවෙලා තියෙනවා බොහෝ සූත්‍රදේශනාවල ආසවක්ඛය ඤාණය ගැන විස්තර කරද්දි ශ්‍රාවකයා ඉස්සෙල්ලාම දුක, දුක්ඛසමුදය, දුක්ඛනිරෝධය, දුක්ඛනිරෝධගාමිනීපටිපදා කියන මේ චතුරාර්ය සත්‍යය අවබෝධ කරගන්නවා. ඊට පස්සේ තියෙනවා ඒ වගේ ම එයා ආශ්‍රව අවබෝධ කරගන්නවා, ආශ්‍රව හටගැනීම අවබෝධ කරගන්නවා, ආශ්‍රව නිරුද්ධවීම අවබෝධ කරගන්නවා, ආශ්‍රව නිරුද්ධ වන්නා වූ මාර්ගය අවබෝධ කරගන්නවා කියලා. ඒකේ තේරුම තමයි කෙනෙක් සෝවාන් ඵලයට පත් වුණොත්, සම්මා දිට්ඨිය ඇති වුනොත් ඊට පස්සේ එයාට ඉතුරු දේවලුත් ඇති කරගන්න පුළුවන් කියන කාරණය.

සියුම් නුවණ....

බුදුරජාණන් වහන්සේ දේශනා කරනවා "යම් දවසක ආර්ය ශ්‍රාවකයා මේ විදිහට ආශ්‍රව ගැන දැන ගන්නවා නම්, ආශ්‍රවයන්ගේ හටගැනීම දැනගන්නවා නම්, ආශ්‍රවයන්ගේ වෙනස්කම් දැනගන්නවා නම්, ආශ්‍රවයන්ගේ විපාක දැනගන්නවා නම්, ආශ්‍රව නිරෝධය දැනගන්නවා නම්, ආශ්‍රව නිරුද්ධ වන ප්‍රතිපදාව දැන ගන්නවා නම්, එයා ආශ්‍රව නිරුද්ධ වන සියුම් නුවණින් යුතු බඹසර දන්නවා" කියලා. ඊළඟට විස්තර කරනවා කර්මය ගැන. කර්මය ගැන දැනගත යුතු කරුණු හය මොනවද?

1. කර්මය දත යුත්තේය.
2. කර්මයන්ගේ හටගැනීම දැනගත යුත්තේය.
3. කර්මයන්ගේ වෙනස්කම් දැනගත යුත්තේය.
4. කර්මයන්ගේ විපාක දැනගත යුත්තේය
5. කර්මය නිරුද්ධ වීම දැනගත යුත්තේය
6. කර්මය නිරුද්ධ වීමේ මාර්ගය දැන ගත යුත්තේය

කියන මේ කරුණු සය දැනගත යුතුයි කියනවා.

චේතනාවේ බලපෑම....

කර්මය කියන්නේ මොකක්ද කියලා දැන් අපි බුද්ධ දේශනාවලින් අහලා තියෙන නිසා දන්නවා. කර්මය කියන්නේ චේතනාව. **(චේතනාහං භික්ඛවේ කම්මං වදාමි)** "මහණෙනි, මම චේතනාව කර්මය යැයි කියමි. **(චේතයිත්වා)** චේතනා පහළකොට **(කම්මං කරෝති)** කර්ම කරයි. **(කායේන)** කයිනුත් **(වාචාය)** වචනයෙනුත්, **(මනසා)** මනසිනුත්. එහෙනම් කයින් වචනයෙන් මනසින් කර්ම කරන්නේ චේතනා පහළ කරලයි. මනසින් කර්ම කරන්ටත් චේතනා පහළ වෙන්ට ඕනෑ. වචනයෙන් කර්ම කරන්ටත් චේතනා පහළ වෙන්ට ඕනෑ. කයින් කර්ම කරන්ටත් චේතනා පහළ වෙන්ට ඕනෑ.

බුදුරජාණන් වහන්සේගේ කාලේ එක භික්ෂූන් වහන්සේ නමක් වයසක භික්ෂූන් වහන්සේ නමකට පොඩ්ඩක් ඉස්සර වෙන්ටකෝ කියලා අතින් තල්ලු කළා. උන්නාන්සේ වැටිලා අපවත් වුනා. බැලූ බැල්මට මේක මිනීමැරුමක් වගේනේ පේන්නේ. ඒ භික්ෂූන් වහන්සේට ලොකු විස්සෝපයක් හටගත්තා 'අනේ මං මේ මොකක්ද කළේ...!' කියලා. බුදුරජාණන් වහන්සේ ළඟට ගිහිල්ලා

විස්තරේ කිව්වා. බුදුරජාණන් වහන්සේ ඇහුවා 'තල්ලු කරද්දී පහළ වෙච්ච චේතනාව මොකක්ද?' කියලා. 'අනේ මට මරණ අදහසක් තිබුණේ නෑ' කිව්වා. එහෙනම් වරදක් වෙලා නෑ කිව්වා.

චේතනාව තමයි අපව මෙහෙයවන්නේ....

තව දවසක් භික්ෂූන් වහන්සේලා කීපනමක් එකතුවෙලා අසනීප වෙච්ච භික්ෂුවක් ව නැව්වා. ඒ භික්ෂුවට සන්නිය හැදිලා අපවත් වුනා. නාවපු භික්ෂූන් වහන්සේලා භය වුනා 'හරි වැඩේ වුණේ. අපේ සීලය බිඳුණද දන්නෙ නෑ' කියලා. බුදුරජාණන් වහන්සේ ළඟට ගිහිල්ලා කිව්වා 'ස්වාමීනී, අපි අසවල් භික්ෂුව නැව්වා. උන්නාන්සේ සන්නිය හැදිලා අපවත් වුනා' කිව්වා. නාවද්දී මොකක්ද පහළ වෙච්ච චේතනාව කියලා ඇහුවා. 'අනේ ස්වාමීනී, සුවපත් වේවා කියන අදහසයි තිබුණේ' කිව්වා. එහෙනම් වැරැද්දක් වෙලා නෑ කිව්වා.

තවත් එක්කෙනෙක් හිටියා අසනීප වෙච්ච. එක උන්නාන්සේ කෙනෙක් කිව්වා 'මෙයාගෙන් හරි කරදරයි. මෙයාවත් නාවමු' කියලා. දැන් චේතනාව පහළ වුණා. ගිහින් කිව්වා 'යං නාන්ට' කියලා. නැව්වොත් අපවත් වෙන බව දැන දැන ම නැව්වා. අපවත් වුණා. පස්සේ මේගොල්ලොන්ටත් හිතට හරි නෑ. දුවගෙන ගිහිල්ලා බුදුරජාණන් වහන්සේට කිව්වා 'අනේ ස්වාමීනී, අපි අසවල් භික්ෂුව ව නැව්වා. අපවත් වුනා' කිව්වා. නාවද්දී සන්නිය හැදිලා මේ උන්නාන්සේ අපවත් වෙයි කියලා හිතාමතා ද මේක කළේ කියලා ඇහුවා. ඔව් කිව්වා. ඔක්කොම පාරාජිකා කිව්වා. දැක්කද චේතනාව. එතකොට චේතනාව තමයි සම්පූර්ණයෙන්ම ක්‍රියාව මෙහෙයවන්නේ.

නිවැරදි අර්ථය දැනගන්න....

සමහරු **(චේතයිත්වා)** කියන වචනය පරිවර්තනය කරන්නේ **සිතා** කියලා. ඒක වැරදියි. සිතා කියන එකට කියන්නේ **(චින්තෙත්වා)** කියලයි. මෙතන තියෙන්නේ චින්තෙත්වා කියලා නෙවෙයි, චේතයිත්වා කියලයි. **(චේතයිත්වා)** කියන්නේ **චේතනාව පහළ කොට. (කම්මං කරෝති)** කර්මය කරයි. **(කායේන වාචාය මනසා)** කයින් වචනයෙන් මනසින්. එහෙනම් අපට මේ සංසාරගත පුරුදු කඩාගන්ට බැරි මොකද? අපි ඒකට එරෙහිව චේතනාවක් පහළ කරගන්නේ නෑ.

අපි අද උදේ කිව්වා දානෙ ගොඩාක් වළඳන්ට ආස භික්ෂුවක් ගැන. ඒක තමයි එයාගේ පුරුද්ද. සඟ පිරිස අවවාද කළා 'ඔච්චර වළඳන්ට එපා. ටිකක් වළඳන්න' කියලා. එතකොට එයා දැඩි චේතනාවක් පහළ කරගත්තා නම් 'හරි මං ටිකක් වළඳනවා' කියලා අර විදිහට අපවත් වෙන්නේ නෑ. එහෙම පහළ කරගන්ට ශක්තියක් නෑ. ඒ ශක්තිය ඇති කරගන්ට මං උපායක් කිව්වා උදේ. තමන්ගේ පැවැත්ම තමන් අතඇරලා, දිවි පුදන්ට ඕන ධර්මයට. එතකොට හයිය එනවා. එතකොට තමයි පුරුද්ද කැඩෙන්නේ. එතකම් පුරුද්ද කඩන්ට බෑ. පුරුද්ද තියෙන්නේ මේ මම මම කියලා කරගෙන ආපු රටාවේ. ඒකට තැනක් දෙන්නේ නැත්නම් පුරුද්ද කැඩෙනවා.

කුසල් මැඩලන අකුසල චේතනා....

චේතනාව පහළ කරලා තමයි සෑම ක්‍රියාවක් ම අපි කරගන්නේ. බලන්න මේ චේතනාවක බලය කොහොමද කියලා. මං කිව්වනෙ අර දේවදත්තට භාග්‍යවතුන් වහන්සේ බුදුරැස් විහිදුවාගෙන වඩිනවා දැකලා ඒ ගැන

ඉරිසියාවක් හටගත්තා කියලා. ඊට පස්සේ එයා කුටියට ගිහිල්ලා චේතනාවක් පහළ කළා 'මම මෙයාව නැති කරනවා' කියලා. ඒ චේතනාව පහළ කළ ගමන් තමන්ගේ ධ්‍යාන අභිඥා ඔක්කොම නැතිව ගියා. ඒ ධ්‍යාන අභිඥා ඔක්කොම තිබුණේ කුසල චේතනාවක් මත. ඒ චේතනාවත් අනිත්‍යයි. අර අකුසල චේතනාව උපද්දවපු ගමන් කුසල චේතනාවට පිහිටන්ට තැනක් නැතුව ගියා. එතකොට මොකද වුනේ, කුසල් නොපෙනී ගියා. ඒ නිසා අපි හොඳට තේරුම් ගන්ට ඕන චේතනාවයි කර්මයයි කියන්නේ මොකක්ද කියලා.

බුදුරජාණන් වහන්සේ වදාළා "මහණෙනි, කර්මය උපදින්නේ ස්පර්ශයෙන්" කියලා. කාමය උපදින්නෙත් ස්පර්ශයෙන්. විඳීම උපදින්නෙත් ස්පර්ශයෙන්. සඤ්ඤාව උපදින්නෙත් ස්පර්ශයෙන්. කර්මය උපදින්නෙත් ස්පර්ශයෙන්. එතකොට බලන්න ස්පර්ශයත් එක්ක කාමය තියෙනවා. ස්පර්ශයත් එක්ක විඳීම තියෙනවා. ස්පර්ශයත් එක්ක සඤ්ඤාව තියෙනවා. ස්පර්ශයත් එක්ක චේතනාව තියෙනවා.

පින් මෙනෙහි කරන්න පුරුදු වෙන්න....

අපට එක එක චේතනා පහළ වෙනවානේ. 'අනේ මට දානයක් දෙන්ට ඕනෑ. අනේ මට පිං කරගන්ට ඕනෑ' කියලා. අපි කියමු කෙනෙක් ඉන්නවා හරිම දුප්පත්. එයාට මහා අසදෘශ දානයක් දෙන්ට බෑ. හැබැයි එයා හිතනවා 'අනේ මට සල්ලි තිබුණොත් මම මේ විදිහට සංඝයා වඩම්මලා, මේ විදිහට උඩුවියන් බැඳලා, මේ විදිහට පාවඩ දාලා, මේ මේ ආහාරපාන ජාති හදලා මං මෙහෙම මෙහෙම දානේ දෙනවා' කියලා චේතනා

පහළ කර කර හිතනවා. එයාට පිනක් රැස්වෙයි ද නැද්ද? එයාට පිනක් රැස් වෙනවා. ඒ විදිහට කල්පනා කර කර ඉන්නකොට එයාගේ චේතනාව පින් මෙනෙහි කරකර ඉන්ට පුරුදු වෙනවා.

සාමාන්‍ය මනුස්සයාට පුරුදු වෙලා තියෙන්නේ පින් මෙනෙහි කරකර ඉන්න නෙමෙයි. මඩගොඩේ බැහැ බැහැ ඉන්ට තමයි පුරුදු වෙලා තියෙන්නේ. එක්කෝ විඳපු කාමය මෙනෙහි කරකර ඉන්ට පුරුදු වෙලා. එහෙම නැත්නම් කාපු බීපු දේවල් විතරක් මෙනෙහි කර කර ඉන්ට පුරුදු වෙලා. එක්කෝ ඔය අර්බුද, සණ්ඩු සරුවල් වෙච්ච දේවල්, තමන්ගේ නම්බුවට වෙච්ච දේවල් ඕවා කල්පනා කර කර ඉන්න පුරුදු වෙලා. ඒ එකකවත් පිනක් නෑ.

පුණ්‍ය චේතනා....

අපි කියමු කෙනෙක් හිතන්න පුරුදු වෙනවා කියලා 'අනේ බුදුරජාණන් වහන්සේ වැඩහිටියා නම් මම මෙහෙමනේ පින්කම් හදන්නේ. මට මේ විදිහට බෝධි ප්‍රාකාරයක් සරසා ගන්ට ඇත්නම්... මට මේ විදිහට චෛත්‍යයක් හදන්ට ඇත්නම්...' කියලා හිතන්න පුරුදු වෙනවා නම් ඒ පුරුද්ද පිනක්. චේතනා පහළ කර කර එයා මනසින් හොඳ කර්ම කරනවා. ඒ අතරේ එයා හිතනවා 'අනේ මේ මිනිස්සු සුවපත් වෙනවා නම් කොච්චර හොඳයි ද... මේ හැමෝටම කන්ට බොන්ට ලැබෙනවා නම් කොච්චර හොඳයි ද... හැමෝම නිරෝගීව ඉන්නවා නම් කොච්චර හොඳයි ද... හැමෝම සුවසේ ඉන්නවා නම් කොච්චර හොඳයි ද...' කියලා චේතනා පහළ කර කර හිතනවා. එහෙම හිතද්දී හිතද්දී එයාට පින් රැස් වෙනවා.

චේතනා පහළ වෙන්නේ ස්පර්ශය ප්‍රත්‍යයෙන්. ඇහෙන් රූපයක් දැකලා ඇහැයි රූපයයි විඤ්ඤාණයයි එකතු වුණාමත් චේතනා පහළ වෙනවා. කනයි ශබ්දයයි විඤ්ඤාණයයි එකතු වුණාමත් චේතනා පහළ වෙනවා. නාසයයි ගඳසුවඳයි විඤ්ඤාණයයි එකතු වුණාමත් චේතනා පහළ වෙනවා. දිවයි රසයයි විඤ්ඤාණයයි එකතු වුණාමත් චේතනා පහළ වෙනවා. කයයි පහසයි විඤ්ඤාණයයි එකතු වුණාමත් චේතනා පහළ වෙනවා. මනසයි අරමුණුයි විඤ්ඤාණයයි එකතු වුණාමත් චේතනා පහළ වෙනවා.

පුරුද්දට ඉඩ දෙන්න එපා....

මම ඉස්සෙල්ලා කිව්වනේ පුරුදු නැති කරගන්න විදිහ ගැන. කේළාම් කියලා පුරුදු වෙච්ච කෙනා කොහොමද ඒක නවත්තගන්නේ? දැන් ඔන්න එයා තවත් කෙනෙක් ව දකිනවා. ඔන්න ඇහැයි රූපයයි විඤ්ඤාණයයි එකතු වුණා. එකතු වෙච්ච ගමන් චේතනාව පහළ වෙන්නේ පුරුද්දටනේ. කේළම් කියලා පුරුදු වෙච්ච එක්කෙනාට තව කෙනෙක්ව දැකපු ගමන් කේළමක් කියන්ට ම යි හිතෙන්නේ. බැනලා පුරුදු වෙච්ච කෙනාට තව කෙනෙක් දැක්ක ගමන් හිතෙන්නේ බණින්ට ම යි. අනුන්ගේ ඇද කුද හොයලා, අනුන්ට ගරහලා පුරුදු කෙනාට හිතෙන්නේ ගරහන්ට ම යි. දැන් ඔය ෆේස් බුක් හදාගෙන ගොඩාක් දෙනෙක් කරන්නේ ම අනුන්ට ගරහන එකනේ. තව පුරුද්ද වැඩි කරගන්නවා. අකුසලයට පුරුදු වෙච්ච දේට හොඳට පොහොර දාගන්නවා. හොඳට පොහොර දදා අකුසල මුල් ම බලවත් කරගන්නවා.

පරිස්සම් වෙන්න....

දැන් අපි මෙහෙම හිටියට සංසාරේ එක එක තැන්වල වැටිලා කාල් ගෑවිලානේ මේ ඇවිල්ලා ඉන්නේ. එතකොට අපිට සත්පුරුෂකනුයි අසත්පුරුෂකනුයි දෙක ම අඩුවැඩි වශයෙන් තියෙන්න පුළුවන්. අපි කියමු සත්පුරුෂකම සීයට හතලිහයි, අසත්පුරුෂකම සීයට පනහළොවයි තියෙනවා කියලා. එතකොට එයාට සීයට විසිපහක් වැඩිපුර තියෙනවා සත්පුරුෂකම. එහෙනම් එයාට ඉක්මනට සංවේදී වන්නේ සත්පුරුෂ දේවල්. ඔන්න එයා අසත්පුරුෂ ආශ්‍රයකට වැටෙනවා. වැටුනට පස්සේ එයා තුළ වැඩකරන්ට ගන්නේ අර සීයට විසිපහක් වෙච්ච සත්පුරුෂ දේවල් ද, සීයට පනහළොවක් වෙච්ච අසත්පුරුෂ දේවල් ද? සීයට පනහළොවක් වෙච්ච අසත්පුරුෂ දේවල්.

අසත්පුරුෂ ඇසුරෙන් වළකින්න....

කාලයක් තිස්සේ ඒවා ම කරනකොට අසත්පුරුෂ දේවල් සීයට විසිපහක් වෙනවා. අර සත්පුරුෂ දේවලුත් සීයට විසිපහක් වෙනවා. මේකෙදි මෙයා තීරණාත්මක තැනක ඉන්නවා. ඇයි, සත්පුරුෂ ඒවත් සීයට විසිපහයි. අසත්පුරුෂ ඒවත් සීයට විසිපහයි. මෙයා ඒත් අඳුන ගන්නේ නෑ මේක. දිගටම අසත්පුරුෂයන් ම ආශ්‍රය කර කර අසත්පුරුෂ වැඩම කර කර ඉන්නවා. එතකොට අසත්පුරුෂ දේවල් ම වැඩිවෙවී ගිහිල්ලා සත්පුරුෂ දේවල් බැහැගෙන යනවා. ඔහොම තමයි වෙන්නේ. ඒ අවස්ථාවේ එයා සත්පුරුෂ දේවල් ම ඇසුරු කරන්ට ගත්තොත් අර අසත්පුරුෂ දේවල් බැහැගෙන ගිහිල්ලා සත්පුරුෂ දේ වැඩිවෙවී යනවා. මේ විදිහට අපි හොඳට තේරුම් ගන්ට ඕන මේ රටාව. එකපාරට ම පුරුද්දට වැටෙන්ට පුළුවන්.

තමන්ව පිහිට කරගන්න....

බුදුරජාණන් වහන්සේ මේ ධර්ම මාර්ගයේ යන කෙනාට කිව්වා තමන්ව පිහිට කරගන්ට කියලා. ඊළඟට කිව්වා ධර්මය (භාග්‍යවතුන් වහන්සේ මේ කියන කරුණු) පිහිට කරගන්ට කියලා. තමන්වයි ධර්මයයි පිහිට කරගන්ට නම් එයාට තියෙන්ට ඕන දක්ෂකමක්. ඒක එන්නේ කැපවීමෙන්. දැන් අපි ඉගෙන ගත්තා ස්පර්ශය ප්‍රත්‍යයෙන් තමයි චේතනා පහළ වෙන්නේ කියලා. ඇහේ ස්පර්ශයෙන් චේතනා පහළ වෙනවා. කනේ ස්පර්ශයෙන් චේතනා පහළ වෙනවා. නාසයේ ස්පර්ශයෙන් චේතනා පහළ වෙනවා. දිවේ ස්පර්ශයෙන් චේතනා පහළ වෙනවා. කයේ ස්පර්ශයෙන් චේතනා පහළ වෙනවා. මනසේ ස්පර්ශයෙන් චේතනා පහළ වෙනවා.

අපි චේතනා පහළ කර කර සෑහෙන්ට කර්ම කරලා නොවැ දැන් තියෙන්නේ. දැන් අපි සියල්ලන් ළඟ ම තියෙනවා පොට්ටනි. හැබැයි ඒවා ඇහැට පේන්නේ නෑ. මරණාසන්න මොහොතේ කර්මයෙන් මේවා ලෙහිලා මේක අරන් පල කියලා විඤ්ඤාණයට එකතු කරලා දෙයි. පොට්ටනි ගොඩෙන් මොන පොට්ටනිය ලෙහෙයි ද කියලා දන්නේ නෑ. ඒකයි මේකේ තියෙන බරපතල ම වැඩේ.

කර්මයන්ගේ වෙනස්කම්....

ඊට පස්සේ බුදුරජාණන් වහන්සේ දේශනා කරනවා මේ කර්මයන්ගේ තියෙන වෙනස්කම ගැන. **(අත්ථි භික්ඛවේ කම්මං නිරයවේදනියං)** "මහණෙනි, කර්ම තියෙනවා විඳවන්ට තියෙන්නේ නිරයේදී." ආශ්‍රවවල වෙනස්කම් ගැන විස්තර කරද්දී කිව්වේ **(අත්ථි භික්ඛවේ ආසවා නිරයගාමිනියා)** මහණෙනි, ආශ්‍රව

තියෙනවා නිරයට අරගෙන යනවා. මේකේ කියන්නේ "මහණෙනි කර්මයක් තියෙනවා **(නිරයවේදනියං)** නිරයේ ගිහින් විඳින්ට තියෙන්නේ. එතකොට ආශ්‍රවයි කර්මයි එකට සම්බන්ධයි නේද? පින්වත්නි, මේ සංසාර ගමන කියන්නේ බුරුලට තියෙන එකක් නෙමෙයි. 'පුහ්' ගාලා පිම්බ ගමන් ගැලවිලා යන එකක් නෙමෙයි. මේක හොඳට අටුවං බැහැලා තියෙන්නේ.

මනුස්ස ලෝකේ මෙච්චර දුක් නම්....

(අත්ථි කම්මං තිරච්ඡානයෝනිවේදනියං) "කර්මයක් තියෙනවා තිරිසන් අපායේදී විඳවන්ට තියෙන්නේ. **(අත්ථි කම්මං පෙත්තිවිසයවේදනියං)** කර්මයක් තියෙනවා ප්‍රේතයෝ වෙලා විඳවන්ට තියෙන්නේ. **(අත්ථි කම්මං මනුස්සලෝකවේදනියං)** කර්මයක් තියෙනවා මනුස්ස ලෝකෙට ඇවිල්ලයි විඳවන්ට තියෙන්නේ. මනුස්ස ලෝකෙට ඇවිල්ලා විඳවන්ට තියෙන කර්ම තමයි මේ අපි දැන් විඳින්නේ. දැන් මේ කර්ම විපාක විඳිද්දී අපි කල්පනා කරන්ට ඕන 'මනුස්ස ලෝකේ ඇවිල්ලා විඳවන්ට තියෙන කර්ම මෙච්චර අමාරු නම් තිරිසන් අපායේ විඳවන්ට තියෙන කර්ම කොයිතරම් අමාරු ඇද්ද... ප්‍රේත ලෝකේ විඳවන්ට තියෙන කර්ම කොයිතරම් අමාරු ඇද්ද... නිරයේ විඳවන්ට තියෙන කර්ම කොයිතරම් අමාරු ඇද්ද...' කියලා. **(අත්ථි කම්මං දේවලෝකවේදනියං)** තව කර්ම තියෙනවා, ඒවා විඳින්ට තියෙන්නේ දෙව්ලොව ගොහින්. මහණෙනි, මේ විදිහට කර්මයන්ගේ වෙනස්කම් තිබේ" කිව්වා.

කර්ම විපාක දෙන ආකාර තුනකි....

එතකොට කර්මයෙන් කරන්නේ විඳවන්ට සලස්සන එක. ආශ්‍රවයෙන් කරන්නේ ඒ ඒ තැනට අරගෙන යන

එක. බුදුරජාණන් වහන්සේ ඊළඟට දේශනා කරනවා **(කතමෝ ච භික්ඛවේ කම්මානං විපාකෝ)** "මහණෙනි, කර්මයන්ගේ විපාක මොනවාද? **(තිවිධාහං භික්ඛවේ කම්මානං විපාකං වදාමි)** මහණෙනි, මං කර්මයෙහි විපාක තුන් අයුරකින් කියමි." එහෙනම් ආකාර හතරකුත් නෑ, පහකුත් නෑ, දෙකකුත් නෑ. කර්මයන්ගේ විපාක ආකාර තුනයි තියෙන්නේ. **(දිට්ඨේ වා ධම්මේ)** එක්කෝ මේ ආත්මේ විපාක දෙනවා. ඒ කියන්නේ තමන් යම් කර්මයක් රැස් කළා ද, ඒ රැස්කරපු ආත්මෙ ම කොටසක් විපාක දෙනවා.

මේ කාරණය ගැන කියද්දි මට තව ජාතක කතාවක් මතක් වුණා. දේවදත්ත ලාභ සත්කාරවලට ආසාවෙන් භාග්‍යවතුන් වහන්සේ කෙරෙහි වෛර බැඳගෙන කටයුතු කිරීම නිසා මෙලොව පරලොව දෙක ම අවුල් කරගත්තනෙ. මෙලොවත් ලාභ සත්කාරවලින් පිරිහිලා ගියා. පරලොවත් දුකට පත්වුණා. ඉතින් බුදුරජාණන් වහන්සේ භික්ෂූන් වහන්සේලාට වදාරනවා "මහණෙනි, මෙයා අධික තෘෂ්ණාව නිසා කලින් ආත්මෙකත් මේ විදිහට දෙපැත්තෙන් ම පිරිහිලා ගියා" කියලා. එතකොට භික්ෂූන් වහන්සේලා "අනේ ස්වාමීනී, භාග්‍යවතුන් වහන්ස, ඒ කතාව කියාදෙන්ට" කිව්වා.

අධික තෘෂ්ණාව නිසා වෙච්චි දේ....

කලින් ආත්මෙක මේ දේවදත්ත තමන්ගේ පුත්‍රයාත් එක්ක මාළු අල්ලන්ට ගියා. ගිහිල්ලා බිලි කොක්කට පණුවෙක් අමුණලා වතුරට දැම්මා. වතුර අස්සේ තියෙනවා ගස්වල උල් රැඳිලා. ඒ උලක බිලී කොක්ක ඇමිණුනා. දැන් අදිනවා අදිනවා, එන්නේ නෑ. අධික තෘෂ්ණාව නිසා මේ මනුස්සයා හිතුවා මේ නම් මහා විශාල මාළු තඩියෙක්

අහුවුනා තමයි කියලා. කොල්ලට කිව්වා 'කොලුවෝ... අද නම් පින පෑදුනා. හැබැයි මේක අපි තනියම භුක්ති විඳින්ට ඕනෑ. ඒ නිසා උඹ ගිහින් අම්මාට කියාපං දෙපැත්තේ ගෙවල් දෙකත් එක්ක රණ්ඩුවක් පටලොව ගන්ට කියලා. එතකොට මං මේ මාළුවා ඇන්න ගියාම ඒකුන්ට බෙදන්ට වෙන්නේ නෑ' කිව්වා.

ඊට පස්සේ කොල්ලා දිව්වා ගෙදර. ඒ අතරේ මෙයා දැන් මේක ගන්ට එපැයි. ඇද්දා ඇද්දා එන්නේ නෑ. පොරවගෙන හිටිය සළුව ගලවලා ගල උඩින් තිබ්බා. තියලා එකපාරට ම මාළුවාව අල්ලගන්ට කියලා හිතලා වතුරට පැන්නා. උල් දෙකක් ඇස්දෙකේ ම ඇනුනා. දැන් ඇස්දෙක පොට්ට වෙලා, ඇස්දෙක අල්ලගෙන එහෙම ම ගොඩ ආවා. ඔහොම ඉන්නකොට පාරේ යන මනුස්සයෙක් අර සළුව අරන් ගියා. ඔන්න සළුවත් නැතිවුණා.

බිරිඳගේ නාඩගම....

කොල්ලා ගෙදර දුවගෙන ගිහින් අම්මට කිව්වා 'අම්මේ පුදුම වැඩක්. නිධානයක් පහළ වෙලා වගේ විශාල මාළුවෙක් අහුවෙලා ඉන්නවා. අපේ අප්පුච්චා කිව්වා මේ මාළුවා අරගෙන ඇවිත් අපි තනියම කන්ට ඕනෑ. ඒ නිසා දෙපැත්තේ ගෙවල් දෙකත් එක්ක රණ්ඩුවක් හදාගන්ට කියලා" කිව්වා. හා... හා... කියලා අම්මා මොකක්ද කළේ පොල් කොළයක් ගලවලා, ඉරට්ට අයින් කරලා කරාබුවක් වගේ කනේ පටලව ගත්තා. දැලි ටිකක් අරගෙන ඇහේ ගාගත්තා. බලුපැටියාවත් ඉණේ ගහගෙන අල්ලපු ගෙදරට ගියා.

ගියාම අල්ලපු ගෙදරින් ඇහුවා 'ඈ... යෝදියේ... උඹට මක් වෙලාද මේ? උඹට පිස්සුද? මේ පොල්

කොළයක් කනේ දවටගෙන, ඇහේ අළු ගාගෙන, බලුකුක්කෙක් වඩාගෙන උඹට පිස්සුද?' කියලා ඇහුවා. දැන් ඔන්න මෙයත් අනං මනං කියලා රණ්ඩු කරන්ට පටන් ගත්තා. අනිත් පැත්තේ ගෙදර මිනිස්සුත් ආවා. මෙයා කෑගහන්න ගත්තා "මුන් මට පිස්සි පිස්සි කිව්වා. හිටපං මං මුලාදෑනිට කියලා තොපිට අච්චු කරන්නම්' කියලා රණ්ඩුව ඇදගෙන ගියා මුලාදෑනි ගාවට. මුලාදෑනි බලලා කිව්වා 'මේ අහක හිටිය මිනිස්සුන්ව රණ්ඩුවට ඇදලා ගත්තේ තී. තිට කහවණු අටක් දඩ. ගෙවාපිය' කිව්වා. දෙපැත්තේ ගෙවල් දෙකේ අය මෙයාව ඇදගෙන ඇවිල්ලා කිව්වා 'දැන් තීව ඉතුරු කරන්නෙ නෑ. තී ගෙවාපිය අපිට දඩ' කිව්වා.

තමන්ට ඕන විදිහට පවත්වන්ට බෑ....

බුදුරජාණන් වහන්සේ වදාළා අධික ලෝභය නිසා එහෙන් අරයගෙ ඇස්දෙක නැති වුණා. මෙහෙන් දඩ ගෙවන්ට වුණා. පොරවගෙන හිටිය සළුවත් නැති වුණා කිව්වා. අධික ලෝභය නිසා මෙලොවදී අත්විඳින්න සිද්ධ වුණු විපාක. ඒ වගේ කර්මයත් එක එක ආකාරයට කැරකි කැරකී යනවා. එතකොට මේ ආත්මේ කරලා, මේ ආත්මෙ ම විපාක දෙන එකට කියනවා දිට්ඨධම්මවේදනීය විපාක කියලා. එහෙම නැත්නම් ඊළඟ ආත්මේ විපාක ලැබෙන්න පුළුවන්. ඒවාට කියන්නේ උපපජ්ජවේදනීය විපාක කියලා. තුන්වෙනි එක අපරාපරිය වේදනීය කර්ම. නිවන් අවබෝධ කරනකම් ම පස්සෙන් ඇවිල්ලා කොයියම් ම හෝ ආත්මභාවයක විපාක දෙනවා. ඒකයි භාග්‍යවතුන් වහන්සේ වදාළේ (**කම්මවිපාකෝ අචින්තියෝ**) මේ විදිහටයි වෙන්නේ, මේ විදිහටයි වෙන්නේ කියලා කර්ම විපාක හිතලා ඉවර කරන්ට බෑ කියලා. ඇයි මේක අනාත්මයිනේ.

අනාත්ම දේක රටාව හිතලා විස්තර කරන්න බෑ.

බාහිරින් පේන දේට රැවටෙන්න එපා....

මේ වැඩපිළිවෙළ හරිම භයානකයි. මනුස්ස ලෝකේ ඉන්දෙද්දී අපි දැන් මුළා වෙලා ඉන්නේ. අපිට දැන් හොඳට ඇස් පේනවා. අපේ කන් හොඳට ඇහෙනවා. අපිට ඕන නම් එහෙට මෙහෙට යන්ට එන්ට පුළුවන්. අපිට කැමති දෙයක් කන්ට බොන්ට පුළුවන්. අපිට කැමති ඇඳුමක් ගිහින් කඩෙන් ගන්ට පුළුවන්. කැමති සෙරෙප්පු දෙකක් දාන්ට පුළුවන්. එතකොට අපිට හිතෙන්නේ අපිට ඕන ඕන හැටියට මේක පුළුවන් කියලයි. ඇයි එහෙම රටාවක් පේනවා. හැබැයි මේකේ පදනමේ තියෙන්නේ යම්කිසි ධර්මතාවයකින් මෙහෙයවන එකක්. කර්මය නමැති ස්වභාවයෙන් මෙහෙයවන එකක්. ආශ්‍රවයන්ගෙන් මෙහෙයවන එකක්.

දැන් කෙනෙක් සංසාරේ කළකිරිලා හිතනවා කියමු 'අනේ මට නම් ආයේ උපදින්ට බෑ... මට නම් ඕන නෑ උපදින්ට... මට නම් නිවන් දකින්ට ඕනෑ...' කියලා හිතනවා කියමු. එයා එහෙම හිතන්නේ ධර්මය දැකල ද සක්කාය දිට්ඨියෙන් ද? මම මාගේ කියන දෘෂ්ටියෙන් බලලයි එහෙම කියන්නේ. 'අනේ මට නම් එපා මේ සසර... මට නම් එතෙර වෙන්න ඕන...' කිය කිය කියනවා. ඒ විදිහට මම මගේ කියන දෘෂ්ටියෙන් බලලා එතෙර වෙච්ච කෙනෙක් නෑ. ඒක බොරු කතාවක්. මේකේ ගුණධර්ම ම තමයි දියුණු කරගන්න තියෙන්නේ.

පැළවෙන බීජයක් වගේ....

බුදුරජාණන් වහන්සේ දේශනා කරනවා යම්කිසි දවසක අවිද්‍යා සහගත ස්පර්ශය නිරුද්ධ වුණොත්

කර්මයත් නිරුද්ධ වෙනවා. රතන සූත්‍රයේ තියෙන්නේ **(ඛීණං පුරාණං)** පැරණි කර්ම ක්ෂය වුණා. **(නවං නත්ථි සම්භවං)** අලුත් කර්මයන්ගේ සම්භවයක් නෑ. **(විරත්තචිත්තා ආයතිකේ භවස්මිං)** අනාගත කිසි භවයක් ගැන ඇලීමක් නෑ. **(තේ ඛීණ බීජා)** ඒ අයගේ විඤ්ඤාණය පැළනොවෙන බීජයකි. රහතන් වහන්සේගේ විඤ්ඤාණය පැළනොවෙන බීජයක්. සාමාන්‍යයෙන් මේ සසරේ ගමන් කරන අයගේ විඤ්ඤාණය පැළවෙන බීජයක ස්වභාවයෙන් යුක්තයි.

පැළවෙන බීජයක් තමයි ඇහේ හටගන්නේ. කනේ හටගන්නේ පැළවෙන බීජයක්. නාසයේ හටගන්නේ පැළවෙන බීජයක්. දිවේ හටගන්නේ පැළවෙන බීජයක්. කයේ හටගන්නේ පැළවෙන බීජයක්. මනසේ හටගන්නේ පැළවෙන බීජයක්. අපි ඇස්දෙක ඇරිය ගමන් ඒ විඤ්ඤාණය නමැති බීජය තියෙනවා. එතකොට ස්පර්ශය ඇතිවෙනවා. ඒ ස්පර්ශයෙන් විඳීම් ඇතිවෙනවා. සඤ්ඤා ඇතිවෙනවා. කාමය හටගන්නවා. චේතනා පහළ කරනවා. චේතනා පහළ කරලා හරි දේ කළොත් හොඳ පැත්තට පැළවෙයි. වැරදි දේ කළොත් නරක පැත්තට පැළවෙයි. එහෙමයි මේක වෙන්නේ.

සුදුසු පරිසරය ආවාම විපාක දෙනවා....

සමහර කර්ම විපාක තියෙනවා මේ ආත්මේ පලදෙන්නේ නෑ. ඒක පලදෙන්ට සුදුසු පරිසරය එන්ට ඕන. පරිසරය එනකම් පලදෙන්නේ නෑ. දැන් අපි කියමු මේ ආත්මේ අපි කාට හරි වධහිංසා කළා. පස්සේ කාලෙක මේක අකුසලයක් කියලා තේරුම් අරගෙන ඒකෙන් වැළකිලා හොඳ දේවල් කරන්ට පටන් ගන්නවා.

එතකොට ඒක මේ ආත්මේ පලදෙන්ට පරිසරයක් නෑ. අපි හිතමු ඊළඟ ආත්මේ බොහොම කරුණාවන්ත පවුලක උපදිනවා. ඒත් අරක පලදෙන්ට පරිසරයක් නෑ. ඔන්න ඊට පස්සේ වෙන කොහේහරි යනවා රස්සාවකට. ඔන්න එතන කැරැල්ලක්, නැත්නම් ත්‍රස්තවාදී කලබලයක්. මෙයා එතන කොටුවෙනවා. අන්න අර වධහිංසා කරපු එක විපාක දෙන්ට කර්ම විපාකය ගාණට එතනට එනවා. එහෙමයි වෙන්නේ. ඒ විදිහට කර්ම විපාක පිරිනිවන් පානකම් ම පස්සෙන් එනවා. කර්ම නිරුද්ධ වෙනවා ස්පර්ශය නිරුද්ධ වීමෙන්.

උත්තරීතර නිර්වාණ මාර්ගය....

(අයමේව අරියෝ අට්ඨංගිකෝ මග්ගෝ කම්මනිරෝධගාමිනී පටිපදා) කර්මය නිරුද්ධ වෙන්ට තියෙන වැඩපිළිවෙළත් ආර්ය අෂ්ටාංගික මාර්ගය යි. එහෙනම් පින්වත්නි, මේ සියලුම ප්‍රශ්නවලට එක ම විසඳුම කොතනද තියෙන්නේ? ආර්ය අෂ්ටාංගික මාර්ගයේ. ඒකයි බුදුරජාණන් වහන්සේ වදාළේ "මහණෙනි, ලෝකයේ යම්තාක් මේ හේතුඵල දහමින් සකස් වූ දේවල් ඇද්ද, ඒ සියලු දේ අතර ආර්ය අෂ්ටාංගික මාර්ගය ම යි අග්‍ර" කිව්වා. දැන් අපි ඔය යුරෝපය, එහෙම නැත්නම් බටහිර රටවල් හරි දියුණුයි කියලා කියනවනෙ. නමුත් ඒ ඔක්කොමත් හේතුඵල දහමින් හටගත්ත දේවල්. යම්කිසි පොඩි සැපයක් දෙන්ට පුළුවන්. හැබැයි සතර අපායෙන් බේරන්ට බෑ. සසරෙන් බේරන්ට බෑ. නිවන කරා ගෙනියන්ට බෑ. අවබෝධයක් ඇති කරවන්ට බෑ. දෙවියන් අතරේ උපතකට ගෙනියන්ටත් බෑ. බඹලොව ගෙනියන්ටත් බෑ. හැබැයි සසරිනුත් බේරලා, සතර අපායෙනුත් නිදහස් කරවලා, දෙව්ලොවත් ගෙනිහිල්ලා,

බඹලොවත් ගෙනිහිල්ලා, ඊළඟට අසංඛත වූ නිවන කරාත් ගෙනියන්ට පුළුවන්, ඒ ඔක්කොම කරලා දෙන්ට පුළුවන් මොකෙන්ද? මේ ආර්ය අෂ්ටාංගික මාර්ගයෙන් පමණක්.

දහම් දැනුම ආභරණයක් හැටියට පාවිච්චි කරන්න එපා....

"මහණෙනි, යම් දවසක ආර්ය ශ්‍රාවකයා මේ ආකාරයට කර්මය ගැන දන්නවා නම්, කර්මය මේ විදිහටයි හටගන්නේ කියලා දන්නවා නම්, කර්මයන්ගේ වෙනස්කම් දන්නවා නම්, කර්මයන්ගේ විපාක දන්නවා නම්, කර්මයේ නිරුද්ධ වීම දන්නවා නම්, කර්මය නිරුද්ධ වන මාර්ගය දන්නවා නම්, එයා කර්මය නිරුද්ධ වන්නා වූ, සියුම් නුවණින් යුක්ත වූ, බ්‍රහ්මචරිය දන්නවා" කිව්වා. දැන් අපි ගමු මෙහෙම. කෙනෙක් කියනවා 'අපි මහමෙව්නාව ආරම්භයේ ඉඳලම මෙහේ එනවා, එහෙම නැත්නම් අපි ස්වාමීන් වහන්සේ කොළඹ වැඩසටහන් කරන කාලේ ඉඳලාම අපි මේවට එනවා. අපි මේ ධර්මය ඉගෙන ගන්නවා' කිය කිය කියනවා. ධර්මය ගැන මතකත් තියෙනවා. හැබැයි එයා ඒක පාවිච්චි කරන්නේ ආභරණයක් හැටියට නම්, ඒක තමන්ගේ ගුණයක් හැටියට උදව්වට ගන්නේ නැත්නම් එයාට ඒකෙන් කිසීම ප්‍රයෝජනයක් නෑ.

ඝන අඳුරෙහි පහළ වූ ආලෝකය....

යම්කිසි කෙනෙක් ආභරණයක් හැටියට දහම් දැනුම පාවිච්චි කරන්නේ නැතුව, තමන්ට උපකාර වෙන කාරණයක් හැටියට, තමන්ට සරණක් හැටියට, පිහිටක් හැටියට පාවිච්චි කළොත් අන්න එදාට විතරයි එයාට කරුවලෙන් නිදහස් වෙන්ට අඩුගානේ කළාමැදිරි

එළියක් තරමේ එළියක්වත් ලැබෙන්නේ. එහෙම නැත්නම් මේ කරුවලට කළාමැදිරි එළියක් තරම්වත් තමන්ට උපකාරයක් ලැබෙන්නේ නෑ. මේ ධර්මය ඇසූ පමණින් පිහිට ලැබෙන්නේ නෑ. අහලා ඒ අහපු දේට අනුකූලව හරි විදිහට මෙනෙහි කරන්ටත් ඕනෙ. මේකේ මුලින් ම කිව්වනේ (**තං සුණාථ, සාධුකං මනසිකාරෝථ**) කියලා.

මේ ධර්මය සත්පුරුෂ කෙනෙක් හරි විදිහට මෙනෙහි කළොත් එයාගේ අර අසත්පුරුෂ ගති අඩුවෙවී ගිහිල්ලා, සත්පුරුෂකම් වැඩි වෙවී යනවා. ඊළඟට එයාට ඒ ධර්මයට අනුව මේ ජීවිතය ගැන කල්පනා කරන්ට පුළුවන්කම ලැබෙනවා. ආන්න එයාට අර කරුවල මැද්දෙන් යාන්තං පේන්ට ගනීවි. එහෙම නැතුව පොත් පුරවලා ලිව්වත් පේන්නේ නෑ.

ලෝකය පිහිටා තිබෙන්නේ දුක මතයි....

හයවෙනි කාරණය බුදුරජාණන් වහන්සේ වදාළා, මහණෙනි, දැනගන්ට කිව්වා දුක ගැන. දුක ගැන දැනගත යුතු කරුණු හය මොනවද?

1. දුක ගැන දත යුත්තේය.
2. දුකේ හටගැනීම දත යුත්තේය.
3. දුකේ වෙනස්කම් දැනගත යුත්තේය.
4. දුකේ විපාක දැනගත යුත්තේය.
5. දුකේ නිරුද්ධවීම දැනගත යුත්තේය.
6. දුක්ඛනිරෝධගාමිනී පටිපදාව දැනගත යුත්තේය.

දවසක් බුදුරජාණන් වහන්සේගෙන් දෙවියෙක් ඇවිදින් ඇහුවා "ස්වාමීනි, මේ ලෝකය පිහිටලා තියෙන්නේ කොහේද?" කියලා. බුදුරජාණන් වහන්සේ

පිළිතුරු දුන්නා "දෙවිය, මේ ලෝකය පිහිටලා තියෙන්නේ දුක මත ය" කියලා. අත්තිවාරම මත පිහිටපු ගොඩනැගිල්ලක් වගේ අපේ සංසාර ගමන තියෙන්නේ දුක මත. එහෙමනම් අපි හොඳට අඳුනගන්ට ඕනෑ දුක මත තියෙන සසර ගමනකයි මේ ඉන්නේ කියලා. දුක කියන්නේ අපට ආගන්තුක එකක් නෙමෙයි. තමන්ට පීඩා දිදී තමාත් එක්ක ම තියෙන එකක්.

පීඩා දිදී තමාත් සමග ම තිබෙන දුක....

බුදුරජාණන් වහන්සේ මේ දුක විස්තර කරනවා. **(ජාතිපි දුක්ඛා)** ඉපදීම දුකකි. ඉපදීම කියන්නේ තමන්ට පීඩා දිදී තමන් ළඟ තියෙන එකක්. **(ජරාපි දුක්ඛා)** වයසට යෑම දුකකි. වයසට යෑම දුකක් කියන එක තේරෙන්ට නම් වයසට යන්ට ම ඕන. තරුණයෙකුට තේරෙන්නේ නෑ මේ වයසට යෑම කියන එක ගැන. තරුණ කාලේ අපිත් පහු කළා නොවැ. තරුණ කාලේ තේරෙන්නේ නෑ. ඇයි තරුණ කාලේ කිලෝමීටර් ගණන් හොඳට පයින් යන්ට පුළුවන්. දැන් නේ කිලෝමීටර් භාවිතා වෙන්නේ. ඉස්සර අපි පොඩි කාලේ හැතැප්මවලින් කතා කළේ. හැතැප්ම දහය පහළොව පයින් යනවා මං ඉස්සර. යන්ට පුළුවන්. වේල් තුන හතර බඩගින්නෙත් ඉඳලා තියෙනවා. ඉන්ටත් පුළුවන්. දැන් බෑනේ.

ජරාවට පත් වෙනකොට ඇස් පේන්නෙත් නැතුව යනවා. කන් ඇහෙන්නෙත් නැතුව යනවා. ඊළඟට හොඳට දහර මණ්ඩිය ගොතාගෙන වාඩිවුණාම පැය දෙක තුන ඉන්ටත් පුළුවන්. දැන් වාඩිවෙන්ටත් බෑ නොවැ. බලන්න වයසට යනකොට වෙන දේ. ඒ ජරා දුක තමාත් එක්ක තියෙන එකක්. ඊළඟට **(ව්‍යාධිපි දුක්ඛෝ)** රෝග පීඩා වැළඳීම නමැති දුක තමාත් සමඟ තියෙන එකක්.

අපි බලාපොරොත්තු වුණොත් ලෙඩ දුක් නැති, වයසට නොයන, බොහොම සොඳුරු ජීවිතයක් මේ ධර්මයේ හැසිරෙන්න, කවදාවත් ඒක සිද්ධ වෙන්නේ නෑ. ඒකත් එහෙනම් සංකල්ප රාගය වගේ එකක්. ඒ කියන්නේ හිතෙන් මවා ගන්න පුළුවන් එකක් මිසක් හැබෑ ලෝකේ නම් හම්බවෙන්නේ නෑ.

බොහෝ ආදීනව ඇති කය....

හැබෑ ලෝකේ තියෙන්නේ ඉපදීම නමැති දුකත් එක්ක තියෙන දේවල්. ජරාවට පත්වීම නමැති දුකත් එක්ක තියෙන දේවල්. ව්‍යාධිය නමැති දුකත් එක්ක තියෙන දේවල්. ව්‍යාධි දුක නොයෙක් ආකාරයෙන් හටගන්නවා. කන් කැක්කුම හටගන්නවා. දත් කැක්කුම හටගන්නවා. ඇස් කැක්කුම් හටගන්නවා. හිසේ ඇම්ම හැදෙනවා. බෙල්ලේ කැක්කුම් හටගන්නවා. කොන්දේ කැක්කුම් හටගන්නවා. පපුවේ කැක්කුම් හටගන්නවා. දණිස් කැක්කුම් හටගන්නවා. ඊළඟට නොයෙක් ආකාරයේ ඇස්වල රෝග හටගන්නවා. කන්වල රෝග හටගන්නවා. දත්වල රෝග හටගන්නවා. මුඛයේ රෝග හටගන්නවා. තමාට පීඩා දිදී තමාත් එක්ක ම තියෙන එකක් මේ රෝදුක කියලා කියන්නෙත්.

රහතුන් තුළ මරණභය නෑ....

ඊළඟට (**මරණම්පි දුක්ඛං**) මරණය ද දුකකි. මරණය දුකක් නිසාත් මරණයෙන් මේ ඔක්කොම අපට අහිමි වෙන නිසාත් මරණය ගැන අපේ හිතේ අමුතු භයක් තියෙනවා නේද? මට එක හාමුදුරු කෙනෙක් කිව්වා ලස්සන සිද්ධියක් ගැන. එක ගෙදරක ස්වාමියා මැරිලා මිනිය ගේ මැද්දේ තියාගෙන ඒ බිරිඳ අඬනවා. ඒ අය බෞද්ධ නෙවෙයි. එයා

අඬ අඬා දෙවියන්ට කියනවා 'අනේ දෙවියෝ... ඇයි මගේ මහත්තයා විතරක් අරන් යන්නේ... මාවත් ඇන්න පල...' කිය කියා කියනවා. කියනකොට පරාලේ උඩ නාගයෙක් ඇවිල්ලා බලාගෙන ඉන්නවා. කෙනෙක් පෙන්නුවා ආන් පරාලේ උඩ නයෙක් ඉන්නවා කියලා.

එතකොට මෙයා අඬ අඬා 'අනේ දෙවියනේ... මම මේ විහිලුවට කිව්වේ. මම මේක හැබෑවට ම කියාපු එකක් නෙමෙයි. අනේ මට සමාවෙන්න' කිව්වා. දැන් දේව විශ්වාසයෙන් නේ ඉන්නේ. එයා හිතුවේ අනේ දෙවියනේ මාවත් අරන් යන්න කිව්වාම නයාව එවලා තියෙන්නේ මෙයාවත් එක්කන් යන්න තමයි කියලා. 'අනේ මාව එක්කන් යන්න එපා... මම මේ නිකං කිව්වේ' කිව්වා. අපට තේරෙන්නේ නැතිවුණාට අපේ හිත ඇතුලේ තද මරණ භයක් තියෙනවා. එහෙම නෑ කියනවා නම් ඒක බොරු කතාවක්. ඒක නැති වෙන්ට නම් එක්කෝ රහත් වෙන්ට ඕනෑ. එහෙම නැත්තං අධික මුළාවකට පත් වෙන්ට ඕනෑ. අධික මුළාවකට පත් වුණාමත් මරණ භය නැතුව යනවා.

කැමති දේ නොලැබීමේ දුක....

ඊළඟට **(සෝකපරිදේවදුක්ඛදෝමනස්සුපායාසාපි දුක්ඛා)** සෝක, වැලපීම්, කායික දුක්, මානසික දුක්, සුසුම් හෙළීම් ද දුකකි. **(යම්පිච්ඡං න ලභති තම්පි දුක්ඛං)** යමක් කැමති වෙනවා ද, එය නොලැබීමත් දුකකි. අපි කැමතියි ලෙඩ නැතිව ඉන්ට. නමුත් ලෙඩ වෙනවා. ඒක දුකක්. අපි කැමතියි වයසට යන්නේ නැතුව ඉන්ට. නමුත් වයසට යනවා. එතකොට දුක් වෙනවා. අපි කැමතියි නොමැරී ඉන්ට. නමුත් මැරෙනවා. එතකොට දුක් වෙනවා. අපි කැමතියි මැරුණට පස්සේ සතර අපාය ආදියේ උපදින්නේ නැතිව ඉන්ට. නමුත් උපදිනවා. කැමති දේ

නොලැබී යනවා. එතකොටත් දුක් වෙනවා. **(සංඛිත්තේන පඤ්චුපාදානක්ඛන්ධා දුක්ඛා)** මේ ඔක්කොම එකට හකුළා කිව්වොත් පංච උපාදානස්කන්ධ ම දුකයි කියනවා.

අපි අමතක කරන්ට හොඳ නෑ අපි මේ දුක තුළ ඉන්න බව. දුක තුළ ඉන්න බව අමතක වුණොත් තමයි අපට ධර්මය සිහි කරගන්ට බැරුව යන්නේ. බුදුරජාණන් වහන්සේ වදාළා **(දුක්ඛං භික්ඛවේ වේදිතබ්බං)** මේ දුක ගැන දැනගන්න කියලා. **(තණ්හා භික්ඛවේ දුක්ඛස්ස නිදානසම්භවෝ)** මහණෙනි, මේ දුක උපදින්ට පටන් ගන්න තැන තණ්හාව යි. අපි මේ ජීවිතයේ කොච්චර විඳෝ විඳෝ හිටියත් ආයෙ ආයෙමත් මේකට ම ආසා කරන්නේ නැද්ද? ඒ අවිද්‍යාවෙන් පෙන්නලා දෙන විදිහ. අවිද්‍යාවයි තණ්හාවයි වෙන්වෙලා නෑනේ. අවිද්‍යාවයි තණ්හාවයි හරි යාළුයි. එකට තියෙන්නේ. ආර්ය අෂ්ටාංගික මාර්ගය සම්පූර්ණ වෙච්ච දවසට අවිද්‍යාවයි තණ්හාවයි එකට මැරිලා යන්නේ. ඒ දෙන්නා පණ පිටින් ඉන්නකම්, ඒ දෙන්නා ජව සම්පන්නව ඉන්නකම්, ඒකට බැඳිච්ච පුද්ගලයා තමයි දුක් විඳින්නේ.

දුකේ වෙනස්කම්....

තණ්හාව ගැන බුදුරජාණන් වහන්සේ එක එක ආකාරයට පෙන්නලා තියෙනවා. කාම තණ්හා, භව තණ්හා, විභව තණ්හා කියලා ප්‍රධාන වශයෙන් තණ්හා තුනක් තියෙනවා. තණ්හාවේ ස්වභාවය තමයි යම් කිසි දේකට ආසා කළා නම්, ආසා කරපු එකම නැවත නැවත මතක් කර කර දෙනවා. මේ දුකෙත් වෙනස්කම් තියෙනවා. **(අත්ථි භික්ඛවේ දුක්ඛං අධිමත්තං)** මහණෙනි, සමහර දුක් තියෙනවා උහුලගන්ට අමාරුයි. ඇතැම් කායික දුක් තියෙනවා, මානසික දුක් තියෙනවා, උහුලගන්ට අමාරුයි.

අධිමත්තං මාත්‍රාවට වැඩියි. **(අත්ථි පරිත්තං)** සමහර දුක් තියෙනවා ස්වල්ප දුක්. ඒවා දරා ගන්ට පුළුවන්.

දරා ගන්ට අමාරු දුකක් වින්දනේ පටචාරා. හොඳ වෙලාවට පිස්සු හැදුනේ. පිස්සු හැදුන නිසා එයාගේ ජීවිතය රැකුණා. ඒ අයට කියන්නේ **පශ්චිමභවික** කියලා. පශ්චිමභවික කියන්නේ භවයේ අන්තිම අවස්ථාවේ තමයි ඒ අය ඉන්නේ. නැවත උපතක් කරා යන්ට විදිහක් නෑ. පටාචාරාට වෙච්ච දේ සාමාන්‍ය මනුස්සයෙකුට වුණා නම් දිවි නසා ගන්නවා. මෙයත් දිවි නසා ගන්නවා පිස්සු නොහැදුනා නම්. පිස්සු හැදිච්ච නිසා බේරුණා. පිස්සුවෙන් ම නේ ගියේ බුදුරජාණන් වහන්සේ ළඟට. එතකොට බලන්න මේ පණ බේරගෙන ගානට ආපු හැටි.

දුකේ විපාක දෙකක්....

(අත්ථි දන්ධවිරාගී) සමහර දුක් තියෙනවා අතහැර ගන්න අමාරුයි. අපි කියනවා 'ඕක අත්හැරපං... ඕක ගැන කල්පනා කරකර ඉන්න එපා... ඕක විඳවන්න එපා...' කිය කිය. කිව්වට අතහැර ගන්න බෑ. දන්ධවිරාගී කියන්නේ ඒකයි. සමහර දුක් තියෙනවා **(ඛිප්පවිරාගී)** ඉක්මණින් අත්හරිනවා. මේවා තමයි කියනවා දුකේ වෙනස්කම්. ඊට පස්සේ බුදුරජාණන් වහන්සේ විස්තර කරනවා දුකේ විපාක ගැන. **(ඉධ භික්ඛවේ ඒකච්චෝ යේන දුක්ඛේන අභිභූතෝ පරියාදින්නචිත්තෝ සෝචති)** මේ ලෝකයේ සමහර අය දුකින් පීඩාවට පත්වෙලා, දුකට යටවුණ සිතින් සෝක කරනවා. **(කිලමති)** ක්ලාන්තය හැදිලා වැටෙනවා. **(පරිදේවති)** කෙහෙවලු විසිරුවාගෙන, හොටු හූරගෙන, කඳුළු පෙරාගෙන, ඇඟපත හූරගෙන, හඬා වැලපෙනවා. **(උරත්තාළිං කන්දති)** පපුවට අත් ගගහා අඬනවා. **(සම්මෝහං ආපජ්ජති)** සිහි මුළා වෙනවා. ඒක එකක්.

සමහරු දුක් පීඩා එනකොට බාහිර පිහිටක් හොයාගෙන දහ අතේ දුවන්ට ගන්නවා. කොහොමද දුවන්ට ගන්නේ, **(කෝ ඒකපදං දිපදං පජානාති ඉමස්ස දුක්ඛස්ස නිරෝධාය)** 'අනේ මේ දුක නැති කරන්ට පුළුවන් බණ පදයක් දෙකක් දන්න කවුරුවත් ඉන්නවාද?' කියලා. **(සම්මෝහවේපක්කං වාහං භික්ඛවේ දුක්ඛං වදාමි පරියෙට්ඨිවේපක්කං වා)** "මහණෙනි, මේ දුක කියන්නේ මුළාවීම විපාක කොට ඇති හෝ දුකෙන් මිදීමක් සෙවීම විපාක කොට ඇති දෙයක්" කියනවා. දැන් අපිත් දුකින් මිදීමක් නෙමෙයි ද මේ සොයන්නේ? අපි මේ පැවිදි වෙලා ඉන්නෙත් දුකින් මිදීමක් හොයාගන්ටයි. ඔබ ගෙදර වැඩකටයුතු ටික ඔක්කොම අතහැරලා දාලා, සමහරවිට කරන්ට වැඩ තියෙද්දී ඒවාත් අතහැරලා, මල්ලත් උස්සගෙන ඇවිල්ලා මේ වාඩිවෙලා ඉන්නේ දුකින් මිදෙන්ට ක්‍රමයක් හොයාගන්ට නේද? ඒ දුකින් මිදෙන මග ගැන තමයි මේ අපි අහ අහා ඉන්නේ.

කවදා නම් අපි නිදහස් වෙමු ද...?

බුදුරජාණන් වහන්සේ වදාළා දුක් නැති වෙන්නේ තණ්හාව නිරුද්ධ වෙච්ච දවසටයි. ඒ සුන්දර දවස කවදා එයි ද කියලා කියන්ට අපි දන්නේ නෑ. තෘෂ්ණාවෙන් නිදහස් වෙලා, අවිද්‍යාවෙන් නිදහස් වෙලා, ලෝකේ කිසිවකට නොබැඳී, ඒකාන්තයෙන් ම නිවී යනවා කියලා දන්න දවස අපට කවදා ලැබෙයි ද කියන්ට අපි දන්නේ නෑ. ඒක ධර්මය විසින් අපට දේවි අපි අවංකව ධර්මයේ හැසිරුණොත්. අවංකව ධර්මයේ හැසිරුණේ නැත්නම් ඒකත් නෑ.

ඒ නිසා තෘෂ්ණාව නිරුද්ධ වෙච්ච දවසට මේ කායික දුක්, මානසික දුක්, කායික පීඩා, මානසික පීඩා,

ලතැවුල්, සෝක වැළපීම්, සුසුම් හෙළීම්, විලාප තැබීම් මේ සියල්ලෙන් ම අපි නිදහස්. බුදුරජාණන් වහන්සේ වදාළා මේ දුකෙන් නිදහස් වෙන්ට තියෙන මාර්ගය ආර්ය අෂ්ටාංගික මාර්ගය යි. සම්මා දිට්ඨි, සම්මා සංකප්ප, සම්මා වාචා, සම්මා කම්මන්ත, සම්මා ආජීව, සම්මා වායාම, සම්මා සති, සම්මා සමාධි.

විස්මිත හෙළිදරව්ව....

යම් දවසක ආර්ය ශ්‍රාවකයා මේ විදිහට දුක ගැන දැනගෙන ඉන්නවා නම්, දුක හටගන්නේ මෙහෙමයි කියලා දැනගෙන ඉන්නවා නම්, දුකේ වෙනස්කම් මේවාය කියලා දැනගෙන ඉන්නවා නම්, දුකේ විපාක මේවායි කියලා දැනගෙන ඉන්නවා නම්, දුක නැතිවන්නේ මෙහෙමයි කියලා දැනගෙන ඉන්නවා නම්, දුක නැතිවන්නා වූ ප්‍රතිපදාව මේකයි කියලා දැනගෙන ඉන්නවා නම් (**සෝ ඉමං නිබ්බේධිකං බ්‍රහ්මචරියං පජානාති දුක්ඛනිරෝධං**) දුක නිරුද්ධ වන, ඉතා සියුම් විනිවිද යන ප්‍රඥාවෙන් යුතු බඹසර ඔහු දන්නවා. කොච්චර ලස්සන දේශනාවක් ද මේ.

මේ දේශනා අනුසාරයෙන් පින්වත්නි, අපට යාන්තම් හිතාගන්ට පුළුවන් බුදුරජාණන් වහන්සේට මොනවිදිහේ ප්‍රඥාවක් තියෙන්ට ඇද්ද කියලා. බුදුරජාණන් වහන්සේගේ ප්‍රඥාව මෙතෙකැයි කියලා අපට හිතින් හිතාගන්නවත් බෑ. මොකද හේතුව, මේ එකක්වත් කියන්ට බෑ මේවා නොදන්න කෙනෙකුට. කාමය ගැන, වේදනා ගැන, සඤ්ඤාව ගැන, ආශ්‍රව ගැන, කර්මය ගැන, දුක ගැන මේවා කිසි දවසක කියන්න බෑ නොදන්නා කෙනෙකුට. නොදන්නා කෙනෙකුට පුළුවන් නම්, මේ දේශනාවලින් තොරව ලෝකේ හැමතැන ම ඒක අහන්ට ලැබෙන්ට ඕන. එහෙනම් අනිත් ආගම්වල අයත් මේක

කියනවා අපට අහන්ට ලැබෙන්න ඕන. ලෝකේ වෙන තැනකින් කොහෙන්වත් අහන්ට ලැබෙන්නේ නෑ.

භාග්‍යවතුන් වහන්සේගේ අසිරිමත් ප්‍රඥාව....

ලෝකයේ වෙන කවුරුවත් දන්නේ නෑ තිරිසන් අපායට ඇදගෙන යන දේවල් අපි ළඟ තියෙනවා කියලා. නිරයට ඇදගෙන යන දේවල් අපි ළඟ තියෙනවා කියලා. ප්‍රේත ලෝකයට ඇදගෙන යන දේවල් අපි ළඟ තියෙනවා කියලා. මේක බුදු කෙනෙකුට පමණක් අදාළ වෙන විෂයක්. අනිත් මිනිස්සුන්ට තේරෙන්නේ නෑ මේක. සාමාන්‍ය ලෝකයාට එහෙම කල්පනා කරන්න තරම් ලොකු හැකියාවක් නෑ. මුළාවෙන් මුළාවට පත් වෙලයි ඉන්නේ. මැටිගොඩවල්. එක එක ක්‍රමයට කාමය නම් විඳින්ට බලයි. ඒක සාමාන්‍ය මනසේ හැටිනේ.

මිනිස්සුන්ගේ මනස නිර්මාණශීලීත් නම්, ඒකට උවමනා කරන කාමයත් හොඳට තියෙනවා නම්, අවිද්‍යාවත් හොඳට තියෙනවා නම්, ඕක මිනිස්සුන්ව සතුටු කරන්ට යොදවන්ට බැරි කාටද? ඕක යොදවලා මිනිස්සුන්ව කාමයෙන් අවුස්සලා හරක් රැලක් වගේ දක්කන්ට බැරි කාටද? ඕන කෙනෙකුට පුළුවන්නේ. ඒකෙන් වළක්වලා ඇස් පාදන එකනේ අමාරු. ඒකනේ බුදුරජාණන් වහන්සේ මේ කරලා තියෙන්නේ. ඉතින් ඒ නිසා ඒ අපගේ ශාස්තෲන් වහන්සේගේ අසිරිමත් ප්‍රඥාවට නමස්කාර වේවා...! අපටත් මේ උතුම් ධර්මයේ පිළිසරණ ලබන්ට වාසනාව ලැබේවා..!

සාදු! සාදු!! සාදු!!!

මහාමේඝ ප්‍රකාශන

පූජ්‍ය කිරිබත්ගොඩ ඤාණානන්ද ස්වාමීන් වහන්සේ විසින් රචිත සියලුම සදහම් ග්‍රන්ථ සහ ධර්ම දේශනා ලබාගැනීමට

ත්‍රිපිටක සදහම් පොත් මැදුර

අංක 70/A/7/OB, YMBA ගොඩනැගිල්ල, බොරැල්ල, කොළඹ 08
දුර : 077 47 47 161 / 011 425 59 87
ඊ-මේල් : thripitAkasadahambooks@gmail.com

www.ingramcontent.com/pod-product-compliance
Lightning Source LLC
Chambersburg PA
CBHW070528030426
42337CB00016B/2150